D'accord!

LANGUE ET CULTURE DU MONDE FRANCOPHONE

Testing Program

ISBN: 978-1-68005-832-1

1 2 3 4 5 6 7 8 9 PP 23 22 21 20 19 18

Table of Contents

Introduction

The **D'accord! Level 3** Testing Program consists of the following: two Quizzes (I and II) for each of the textbook's **Pour commencer** sections and grammar points; a lesson test for each of the textbook's ten lessons; exams for **Leçons 1–5, 6–10,** and **1–10**; and an Optional Testing Section covering the **Court métrage** and **Imaginez** sections of each lesson. An answer key and listening scripts are also provided.

Quizzes

Eighty quizzes, two (**I and II**) for each **Pour commencer** section and each grammar point, allow you to quickly assess students' grasp of the structures and concepts they are studying. Every Quiz I focuses more on discrete activity formats, whereas every Quiz II focuses more on open-ended formats. Both versions are based on a 20-point scale.

Lesson Tests

Each lesson test begins with a listening comprehension section that revolves around a brief listening passage based on the theme, vocabulary, and grammar structures of the corresponding textbook lesson. The listening passages are primarily narratives and are presented in a variety of real-life formats such as commercials, interviews, radio announcements, answering machine messages, and descriptive monologues. The comprehension items focus on students' global comprehension and, where appropriate, their ability to understand key details. The scripts for the listening passages are located in a separate section of this Testing Program following all of the quizzes, lesson tests, exams, and optional testing sections.

After the listening section, you will find activities that check students' knowledge of the corresponding lesson's active vocabulary and grammar structures. Formats include, but are not limited to, true/false, multiple choice, matching, cloze paragraphs, sentence completions, and answering questions. The vocabulary and grammar sections consist primarily of discrete items that can be easily and quickly corrected.

Each lesson test contains several activities that emphasize personalized communication and self-expression. Students might answer a series of personal questions or create a short conversation. In contrast to the other activities, which can be characterized as achievement-oriented, these sections target language proficiency.

Each lesson test contains a reading section. Each one relates thematically to its corresponding lesson in the textbook and is followed by comprehension and open-ended questions.

Finally, each lesson test ends with a composition that emphasizes personalized communication and self-expression. Students are asked to generate a brief writing sample designed to elicit the vocabulary and grammar of the corresponding textbook lesson within a natural, realistic context.

Each lesson test is based on a 100-point scale; point values for each section are provided in parentheses at the end of each activity's direction line.

Exams

The exams follow the same general organization as the lesson tests. Each exam includes a listening comprehension section, vocabulary and grammar checks, and communicative, reading, and writing sections. The exams are cumulative and comprehensive, encompassing the main vocabulary fields, key grammar points, and principal language functions covered in the corresponding textbook lessons. Each exam is based on a 100-point scale; point values for each section are provided in parentheses at the end of each activity's direction line.

Optional Testing Sections

Optional Testing Sections provide material on the **Court métrage** and **Imaginez** sections in the textbook. Students may have to write a small paragraph incorporating the vocabulary and grammar of the lesson, or answer questions related to the short films and readings.

Listening Scripts and Answer Key

The lesson test audioscripts, exam audioscripts, and answer keys are located in separate sections in this Testing Program.

Some Suggestions for Use

While the material in the quizzes, lesson tests, exams, and optional testing sections reflects the contents of the corresponding lessons in the textbook, you may have emphasized certain vocabulary items, grammar points, or textbook sections more or less than others. Because of this, it is strongly recommended that you look over each quiz, lesson test, exam, or optional testing section in advance to ensure that it reflects the vocabulary, grammar, and language skills that you have stressed in your classes. In addition, quizzes, lesson tests, exams, and optional testing sections can be modified to meet the guideline of testing what you teach. You can alleviate many students' test anxiety by telling them in advance how many points are assigned to each section of a quiz, lesson test, or exam and by providing them with sample test items.

When administering the listening section of the lesson tests and exams, it is a good idea to begin by going over the direction lines with students so that they are comfortable with the instructions and the context of the passage they will hear. You might also take a few minutes to have students look over the items and let them know whether you plan to play or read the listening passage aloud once or twice. It is recommended that you play or read it twice at a normal rate of speed without emphasizing or pausing to isolate specific words or expressions.

*The **D'accord! Level 3** authors and the Vista Higher Learning Editorial Staff.*

Nom ______________________ Date ______________

Leçon 1

VOCABULARY QUIZ I

1 Logique ou illogique? Décidez si les phrases sont logiques (**L**) ou illogiques (**I**). (5 x 1 pt. each = 5 pts.)

_______ 1. Anne fait confiance à son frère. Elle vérifie tout ce qu'il fait.

_______ 2. Les acteurs de ce film étaient inoubliables! Qui jouait le rôle du pirate déjà?

_______ 3. J'en ai marre de tes appels téléphoniques nocturnes. Ne m'appelle plus après minuit!

_______ 4. Mélanie et Paul sont célibataires. Ils viennent de rompre.

_______ 5. Mon petit frère est un peu égoïste. Il aime partager.

2 Contraires Associez chaque terme de la colonne A avec son contraire de la colonne B. (5 x 1 pt. each = 5 pts.)

	A	B
_______	1. déprimé(e)	a. malhonnête
_______	2. aller à un rendez-vous	b. rester tranquille
_______	3. se mettre en colère	c. poser un lapin
_______	4. se fiancer	d. enthousiaste
_______	5. franc(he)	e. draguer
		f. rompre

3 Complétez Complétez chaque phrase avec le mot de vocabulaire approprié. (5 x 2 pts. each = 10 pts.)

1. Samuel et Adeline sont deux ______________. Ils sont vraiment faits l'un pour l'autre.
2. Mon oncle a perdu sa femme l'année dernière. Il est ______________ maintenant.
3. Étienne préfère garder son argent à la banque. Il est ______________.
4. Nathalie déteste ______________. Elle préfère être honnête et dire la vérité.
5. Avant de recevoir les résultats d'un examen, nous sommes ______________ parce que nous avons peur d'avoir une mauvaise note.

Nom ______________________________ Date ______________

Leçon 1

VOCABULARY QUIZ II

1 Chassez l'intrus Dans chaque groupe, choisissez l'élément qui ne va pas avec les autres. (4 x 1 pt. each = 4 pts.)

1. a. contrarié(e)
   b. fâché(e)
   c. passager/passagère
2. a. quitter
   b. draguer
   c. rompre
3. a. avoir confiance en soi
   b. avoir honte
   c. être timide
4. a. en avoir marre
   b. se mettre en colère
   c. tomber amoureux/amoureuse

2 Catégories Complétez chaque liste avec deux mots du nouveau vocabulaire. (6 x 1 pt. each = 6 pts.)

Personnalité (adjectifs)	Relations et sentiments (verbes)	L'état civil (verbes ou adjectifs)
charmant(e)	faire confiance	divorcer
prudent(e)	partager	se marier
________	________	________
________	________	________

3 Votre meilleur(e) ami(e) Écrivez un paragraphe dans lequel vous parlez de votre meilleur(e) ami(e). Décrivez sa personnalité et expliquez votre relation. Exprimez aussi les sentiments ou les émotions que vous ressentez parfois en sa compagnie et illustrez votre description avec des situations concrètes. (10 pts.)

____

____

____

____

____

____

____

____

Nom ______________________________ Date ____________________

Leçon 1

GRAMMAR 1.1 QUIZ I
Spelling-change verbs

1 Verbes Complétez la table de conjugaison avec la forme correcte des verbes. (10 x 1 pt. each = 10 pts.)

infinitif	je/j'	tu	nous	elles
espérer	espère	(1)	(2)	espèrent
plonger	(3)	plonges	(4)	plongent
menacer	menace	(5)	(6)	(7)
essayer	(8)	essaies	essayons	essaient
amener	amène	amènes	(9)	(10)

2 Complétez Complétez ces phrases avec la forme correcte du présent du verbe approprié. (5 x 1 pt. each = 5 pts.)

1. Jean-Marc ____________ aller à Marseille en train. (partager / préférer)
2. Mes amis et moi, nous ne ____________ jamais nos bouteilles en plastique à la poubelle. Nous les recyclons! (jeter / balayer)
3. Comment est-ce que vous vous ____________? (épeler / appeler)
4. Est-ce que tu ____________ des cartes postales quand tu es en vacances? (envoyer / plonger)
5. Mes parents ____________ beaucoup de fruits quand ils font les courses. (lancer / acheter)

3 Conversations Complétez chaque conversation avec la forme correcte du présent du verbe approprié. (5 x 1 pt. each = 5 pts.)

voyager	**lever**
commencer	**répéter**
nettoyer	**renouveler**

— Madame Durand, je n'ai pas compris. (1) ______________ votre question.
— Jeune homme. Quand un élève a une requête, il (2) ______________ la main et il dit «s'il vous plait»!

— Hélène, pourquoi est-ce que tu (3) ______________ ton passeport tous les dix ans?
— Parce que ma famille et moi (4) ______________ régulièrement en Europe.

— Guillaume et Antoine (5) ______________ le garage ce week-end, n'est-ce pas?
— Ils disent qu'ils vont le faire mais ils ne savent même pas où sont les balais (*brooms*).

Nom ______________________ Date ______________

Leçon 1

GRAMMAR 1.1 QUIZ II
Spelling-change verbs

1 Complétez Complétez ces phrases avec la forme correcte du présent du verbe approprié. (6 x 1 pt. each = 6 pts.)

1. Ma sœur ______________ son abonnement (*subscription*) à ce magazine tous les ans. (élever / renouveler)
2. Je ______________ rarement sous mon lit. (balayer / déménager)
3. À la plage, nos chiens aiment quand nous leur ______________ un frisbee. (peser / lancer)
4. Mes grands-parents ______________ deux voitures. (posséder / ennuyer)
5. Est-ce que tu ______________ d'aller au cinéma ce week-end? (projeter / mener)
6. Ma famille vient d'acheter une nouvelle maison. Nous ______________ dans deux semaines. (élever / déménager)

2 Phrases Combinez les éléments des colonnes pour former six phrases complètes au présent. (6 x 1 pt. each = 6 pts.)

mes ami(e)s	**effacer**	**chien**
je	**payer**	**affaires**
le professeur	**partager**	**tableau**
tu	**emmener**	**addition**
vous	**posséder**	**chambre**
mon copain/ma copine et moi	**épeler**	**nom**
	rejeter	**?**
ma sœur/mon frère	**ranger**	

1. ______________________________
2. ______________________________
3. ______________________________
4. ______________________________
5. ______________________________
6. ______________________________

3 E-mail Écrivez un e-mail à votre correspondant(e) français(e) pour lui poser des questions sur lui/elle et ses amis. Utilisez quatre verbes à changements orthographiques dans vos questions. (8 pts.)

____

____

____

____

Nom ______________________________ Date ______________

Leçon 1

GRAMMAR 1.2 QUIZ I
The irregular verbs *être*, *avoir*, *faire*, and *aller*

1 Associations Formez des phrases complètes en associant chaque segment de la colonne **A** avec sa fin logique de la colonne **B**. N'utilisez pas une même fin plus d'une fois. (6 x 1 pt. each = 6 pts.)

	A	B
________	1. En hiver, il fait	a. sortir ce week-end.
________	2. Ariane ouvre la fenêtre parce qu'elle a	b. avocates.
________	3. Nous allons	c. froid.
________	4. Elles sont	d. envie de manger.
________	5. J'ai	e. la vaisselle chaque soir.
________	6. Tu fais	f. chaud.

2 Choisissez Sélectionnez la forme du verbe approprié pour compléter chaque phrase. (5 x 1 pt. each = 5 pts.)

1. Mon frère ________________ souvent en retard à l'école. a. fait b. est
2. Les élèves ________________ attention en classe. a. font b. ont
3. Tu ________________ peur des chiens? a. es b. as
4. Le dimanche, je ________________ du vélo en forêt. a. suis b. fais
5. Cet été, nous ________________ passer les vacances en Provence. a. allons b. avons

3 Complétez Complétez ces phrases avec la forme correcte du présent de **faire**, **avoir** ou **être**. (9 x 1 pt. each = 9 pts.)

1. J'aime beaucoup Claire et Catherine. Ce/C' ________________ des filles très généreuses.
2. Nous ne/n' ________________ pas besoin de votre aide!
3. Clément ________________ toujours ses valises une semaine avant le jour du départ.
4. Est-ce que vous ________________ la queue à minuit pour profiter des meilleures affaires (*bargains*) après Thanksgiving?
5. Je ________________ athlète professionnel. J'ai le record de médailles olympiques dans ma discipline.
6. Tu ________________ mal aux dents parce que tu manges trop de bonbons!
7. Mes cousines sont en forme parce qu'elles ________________ de l'exercice tous les jours.
8. Mes parents ________________ soif parce qu'ils viennent de marcher pendant deux heures sous le soleil.
9. Le dimanche, mes frères et moi ________________ la lessive de toute la famille.

Nom ______________________________ Date ______________

Leçon 1

GRAMMAR 1.2 QUIZ II
The irregular verbs *être*, *avoir*, *faire*, and *aller*

1 Complétez Complétez ces phrases avec la forme correcte du présent du verbe **être**, **avoir**, **faire**, ou **aller**. (6 x 1 pt. each = 6 pts.)

1. Je sors au cinéma ce soir. Je ____________ voir un film d'action.
2. Nous ne/n' ____________ pas de chance! Nous perdons toujours!
3. Le matin, vous ne pouvez pas regarder la télé parce vous ____________ à l'école jusqu'à deux heures et demie.
4. Après une victoire, les joueurs de l'équipe de football américain du lycée ____________ la fête au restaurant.
5. Est-ce que vous ____________ du camping quand vous partez en vacances avec vos parents?
6. Tu ____________ raison, il ne faut pas avoir peur de parler français!

2 Phrases Finissez les phrases de manière logique à l'aide de trois expressions avec **avoir** et de trois expressions avec **faire** au présent. N'utilisez pas la même expression plus d'une fois. (6 x 1 pt. each = 6 pts.)

1. Actuellement (*Currently*), je/j'...
____
2. Aujourd'hui, nous ne/n'...
____
3. Mon/Ma meilleur(e) ami(e)...
____
4. Le soir, vous...
____
5. En général, mes parents ne/n'...
____
6. En été, tu...
____

3 Portrait Écrivez un paragraphe dans lequel vous faites la description d'un membre de votre famille ou d'un(e) ami(e). Utilisez des expressions avec **être**, **avoir**, **faire** ou **aller**. (8 pts.)

____
____
____
____
____

Nom ____ Date ______________________

Leçon 1

GRAMMAR 1.3 QUIZ I
Forming questions

1 Questions Formulez des questions au présent avec **est-ce que** ou l'inversion, selon l'indication entre parenthèses. Réorganisez les éléments de façon logique et faites les changements nécessaires. (6 x 2 pts. each = 12 pts.)

1. elle / aimer / la glace au chocolat (est-ce que)
   ____?
2. vous / regarder / la télévision française (inversion)
   ____?
3. il / écouter / le professeur (inversion)
   ____?
4. Nicolas / entendre / son téléphone (est-ce que)
   ____?
5. sa mère / être / avocate (inversion)
   ____?
6. il / y / avoir / fenêtre / dans ta chambre (inversion)
   ____?

2 Interrogatifs Complétez les conversations avec le mot interrogatif approprié. (8 x 1 pt. each = 8 pts.)

1. — ______________ chemise préfères-tu?
   La blanche ou la verte?
   — Je préfère la chemise blanche.
2. — Le train arrive ______________?
   — Il arrive à huit heures du matin.
3. — ______________ coûtent ces chaussures?
   — Elles coûtent 50 euros.
4. — ______________ est-ce que tu parles?
   — Je parle à ma copine.
5. — Je pense que je vais mettre ce pantalon.
   — ______________?
   — Le pantalon que j'ai acheté la semaine dernière.
6. — ______________ sont tes parents?
   — Ils sont au cinéma.
7. — ______________ ta sœur chante-t-elle?
   — Elle chante très mal.
8. — J'ai besoin de mes livres pour étudier ce week-end.
   — ______________ as-tu besoin?
   — J'ai besoin de mon livre de français et de mon livre d'histoire.

Nom ______________________________ Date ______________

Leçon 1

GRAMMAR 1.3 QUIZ II
Forming questions

1 Questions Formulez des questions avec **est-ce que** ou l'inversion, selon l'indication entre parenthèses. Déterminez le mot interrogatif à utiliser d'après l'élément souligné. (4 x 2 pts. each = 8 pts.)

1. — ______________________________? (inversion)
   — Je pense à mon avenir (*future*).
2. — ______________________________? (inversion)
   — Ils boivent du lait au petit-déjeuner.
3. — ______________________________? (est-ce que)
   — Tu ne peux pas sortir ce soir parce que tu es puni!
4. — ______________________________? (inversion)
   — Delphine joue au tennis avec Paul.

2 Entretien Pascal passe un entretien (*job interview*) pour être serveur dans un café cet été. Imaginez les questions du patron qui invitent Pascal à donner chacune de ces réponses. (5 x 1 pt. each = 5 pts.)

1. — ______________________________
   — J'habite chez mes parents.
2. — ______________________________
   — Je suis lycéen.
3. — ______________________________
   — Non, je ne connais pas de serveur dans mon entourage.
4. — ______________________________
   — Je sais préparer tous les types de café.
5. — ______________________________
   — Je peux commencer en juillet.

3 Interview Vous avez l'occasion de rencontrer votre acteur/actrice préféré(e). Écrivez sept questions que vous voulez lui poser. (7 pts.)

1. ______________________________
2. ______________________________
3. ______________________________
4. ______________________________
5. ______________________________
6. ______________________________
7. ______________________________

Nom ____ Date ______________________

Leçon 1

LESSON TEST

1 J'en ai assez! Vous allez entendre une conversation entre Béatrice et Geneviève, son amie. Écoutez-la attentivement, puis répondez aux questions par des phrases complètes. (5 x 2 pts. = 10 pts.)

1. Contre qui Béatrice est-elle fâchée?

____

2. Qu'est-ce qui (*What*) se passe au restaurant La Belle Époque?

____

3. Où Béatrice va-t-elle avant de rentrer chez elle?

____

4. Qu'est-ce qu'elle entend?

____

5. Quelle est la réaction de Béatrice?

____

2 C'est l'amour! Patrick parle de sa petite amie, Amélie, avec son jeune frère Sylvain. Complétez leur dialogue à l'aide des mots de la liste. Faites les accords et conjuguez les verbes. (8 x 1 pt. = 8 pts.)

affectueux	**faire confiance**	**franc**	**partager**
âme sœur	**fidèle**	**se marier**	**passager**

SYLVAIN Dis, Patrick. Est-ce qu'Amélie et toi, vous allez (1) __________________?

PATRICK Oui. Notre relation n'est pas (2) ____________________. J'ai vraiment trouvé l' (3) __________________.

SYLVAIN Ah oui? Comment ça?

PATRICK Eh bien, elle est (4) __________________, (5) __________________ et (6) __________________. Ce sont les trois qualités les plus importantes pour moi.

SYLVAIN Mais, après le mariage, vous allez tout (7) __________________?

PATRICK Ah, oui, le but du mariage, c'est de (8) __________________ à quelqu'un.

3 Le temps libre Regardez les illustrations, puis complétez les phrases pour décrire ce que chaque personne fait. Employez **faire**, **aller**, **avoir** ou **être.** (4 pts. for verb choices + 4 pts. for verb forms = 8 pts.)

1. 
2. 
3. 
4. 

1. Mon oncle et ma tante ____________ prendre le bus avec les autres touristes.
2. Nous ____________ vraiment froid!
3. Mon père ____________ en retard.
4. Il ____________ chaud, n'est-ce pas?

Nom ______________________ Date ______________

4 Trop de questions François a rendez-vous en ville et sa petite sœur Louise est curieuse. Quelles sont les questions de Louise ? Écrivez-les en entier. (5 x 2 pts. = 10 pts.)

1. **LOUISE** ______________________
   FRANÇOIS Je vais en ville.
2. **LOUISE** ______________________
   FRANÇOIS J'y vais parce que j'ai rendez-vous.
3. **LOUISE** ______________________
   FRANÇOIS J'ai rendez-vous avec Sophie.
4. **LOUISE** ______________________
   FRANÇOIS J'y vais à pied.
5. **LOUISE** ______________________
   FRANÇOIS Je pars dans une demi-heure. Écoute, Louise, tu commences à m'ennuyer avec tes questions!

5 En ville Complétez les questions. Employez les formes correctes de **(le)quel**. (4 x 2 pts. = 8 pts.)

1. — J'achète une nouvelle robe.
   — Ah oui? ______________?
2. — Nous allons au cinéma.
   — Ah oui? ______________ film est-ce que vous allez voir?
3. — Michèle m'a parlé d'un garçon.
   — Ah oui? ______________ t'a-t-elle parlé?
4. — Mon cousin s'intéresse aux sports.
   — Ah oui? ______________?

6 À vous la parole! Créez six phrases au présent, à l'aide des éléments des deux colonnes. Ajoutez tous les autres éléments nécessaires. (6 x 2 pts. = 12 pts.)

A	B
je	acheter
tu	appeler
mes amis et moi	ennuyer
ma mère	partager
mes parents	préférer
mon/ma meilleur(e) ami(e)	voyager

1. ______________________
2. ______________________
3. ______________________
4. ______________________
5. ______________________
6. ______________________

Nom ______________________________ Date ______________

LECTURE

L'amitié

En cours, un groupe d'élèves participe à une discussion sur l'amitié et sur les relations qu'ils ont avec leurs amis. Lisez leur conversation.

PROFESSEUR À quoi reconnaissez-vous un vrai ami? Quelle est la différence entre un ami et un simple copain?

FABIEN Un ami, c'est quelqu'un qu'on connaît bien et souvent depuis longtemps. Il est fidèle et on peut lui faire confiance.

MARJORIE On peut tout partager avec un ami, le bon comme le mauvais. Quand on est déprimé ou quand on n'a pas confiance en soi, on peut lui en parler.

KARIM Il n'y a pas de gêne entre nous. On se sent à l'aise (*comfortable)* avec un ami.

NADIA On peut compter sur ses amis. Par exemple, une amie ne vous pose jamais de lapin, mais une copine vous en pose parfois.

KARIM Moi, j'ai plein de copains avec qui je m'entends bien, mais je n'ai que deux amis.

PROFESSEUR Est-ce que vos amis vous agacent ou vous énervent parfois?

KARIM Bien sûr, mais en général, ces problèmes de relations sont passagers. Si on est vraiment amis, on discute et ça passe. C'est justement à cela qu'on reconnaît les vrais amis.

PROFESSEUR Est-ce que vous vous mettez en colère contre vos amis?

ARMELLE Ça m'arrive, mais c'est rare. Parfois, si on passe trop de temps ensemble, on peut en avoir marre de se voir.

MARJORIE Moi, je n'aime pas l'idée de rester fâchée contre une amie. Si on s'aime bien, on doit essayer de se comprendre.

NADIA Oui. Avant tout, pour garder ses amis, il faut se respecter et ne pas être jaloux.

PROFESSEUR Très bien. Le cours est fini pour aujourd'hui, mais je voudrais que, pour la prochaine fois, vous réfléchissiez à notre discussion et que vous fassiez le parallèle avec les relations qui existent dans un couple. Vous me direz si toutes les relations sont basées sur les mêmes critères ou pas.

1 Compréhension Répondez aux questions par des phrases complètes. (6 x 2 pts. = 12 pts.)

1. Comment sont les amis de Fabien?

   ____

2. Qu'est-ce que les amis de Nadia ne font jamais?

   ____

3. Comment sont les relations entre Karim et ses copains?

   ____

4. Que font Karim et ses amis, s'ils ont des problèmes de relations?

   ____

5. Qu'est-ce qu'Armelle fait rarement?

   ____

6. Que fait Nadia pour garder ses amis?

   ____

Nom ____ Date ________________________

2 Copains ou amis? Êtes-vous comme Karim, qui a plein de copains mais peu d'amis? Expliquez, en quatre phrases complètes. (8 pts.)

____

____

____

____

RÉDACTION

Selon vous, qu'est-ce qu'il faut faire et ne pas faire pour garder ses amis? Écrivez un paragraphe d'au moins huit phrases sur l'amitié. Utilisez le vocabulaire et les structures de la leçon. (24 pts.)

____

____

____

____

____

____

____

____

____

____

____

____

____

____

____

____

____

____

____

Nom ______________________________ Date ______________

OPTIONAL TESTING SECTIONS

Leçon 1
Court métrage

Dans *Tout le monde dit je t'aime*, Marion demande l'avis et des conseils à son amie Joséphine. Décrivez les personnalités des deux filles et la nature de leur amitié.

____

____

____

____

____

____

____

Imaginez
Les États-Unis

D'après ce que vous avez lu dans la section **Imaginez**, décrivez comment la France et le monde francophone ont influencé les États-Unis. Mentionnez trois aspects de cette influence et donnez-en des exemples.

____

____

____

____

____

____

____

Nom ______________________________ Date ______________

Le Zapping

Écrivez des phrases complètes pour répondre à ces questions: Que demande le journaliste au début de l'interview? Que veut-il savoir d'autre? Quelles sont les qualités du parti CDH, d'après les jeunes?

Nom ______________________ Date ______________

Leçon 2

VOCABULARY QUIZ I

1 Où habitent-elles? Indiquez si les personnes qui ont fait ces déclarations habitent en ville ou à la campagne. (5 x 1 pt. each = 5 pts.)

1. Je préfère avoir accès aux transports en commun. ______________
2. Il n'y a pratiquement pas de panneaux d'affichage. ______________
3. Mon mari et moi habitons entre le palais de justice et le nouveau gratte-ciel. ______________
4. Si j'y habitais, je ne pourrais jamais m'habituer aux travaux qu'on voit partout. ______________
5. Nous avons une station de métro en face de chez nous. ______________

2 À choisir Choisissez le mot qui convient. (5 x 1 pt. each = 5 pts.)

1. Quand vous traversez la rue, faites-le sur les (clous / édifices).
2. Pour aller au commissariat de police, (descendez / améliorez) au prochain arrêt d'autobus.
3. Si vous n'aimez pas la circulation du centre-ville, allez vivre en (place / banlieue).
4. Pour profiter des beaux paysages, nous préférons (peupler / rouler) en voiture au lieu de prendre l'avion.
5. En raison des travaux, l'agent de police empêche les piétons de passer par le (trottoir / maire).

3 Mauvaise mémoire Vos grands-parents oublient maintenant quelques mots et ils vous demandent le nom de certaines choses. Identifiez chaque mot qu'ils décrivent. N'oubliez pas les articles! (5 x 2 pts. each = 10 pts.)

Comment appelle-t-on...

1. quelqu'un qui habite en ville? ______________
2. un très grand édifice avec plus de cinquante étages? ______________
3. le cercle qui connecte plusieurs routes? ______________
4. une personne qui a la nationalité du pays où elle habite? ______________
5. l'endroit où deux rues se rencontrent? ______________

Nom ______________________________ Date ____________________

Leçon 2

VOCABULARY QUIZ II

1 Comment appelle-t-on...? Votre vieille tante ne se souvient plus de beaucoup de mots et elle vous demande les noms de certaines choses. Identifiez chaque mot qu'elle décrit. N'oubliez pas les articles! (5 x 1 pt. each = 5 pts.)

Comment appelle-t-on...

1. une personne qui a la nationalité du pays où elle habite? ____________________
2. l'endroit où deux rues se rencontrent? ____________________
3. un très grand édifice avec plus de cinquante étages? ____________________
4. le cercle qui connecte plusieurs routes? ____________________
5. quelqu'un qui habite en ville? ____________________

2 À définir Écrivez les définitions de ces mots. (5 × 1 pt. each = 5 pts.)

1. un maire
____
2. une citadine
____
3. un piéton
____
4. un pont
____
5. des clous
____

3 Écriture Écrivez un paragraphe dans lequel vous expliquez les avantages et les inconvénients d'habiter en ville. Employez un minimum de cinq mots de la liste. (10 pts.)

l'agent de police	**les embouteillages**	**le gratte-ciel**	**la station de métro**
améliorer	**empêcher (de)**	**inattendu(e)**	**les transports en commun**
bruyant(e)	**le feu**	**le panneau**	**les travaux**

____
____
____
____
____

Nom ______________________________ Date ______________

Leçon 2

GRAMMAR 2.1 QUIZ I
Reflexive and reciprocal verbs

1 Réfléchi ou pas? Choisissez la bonne option. (5 x 1 pt. each = 5 pts.)

1. Henri n'a rien en commun avec sa tante. Il __________ beaucoup chez elle.
   a. ennuie   b. s'ennuie
2. C'est ton premier jour à ton nouveau travail. Tu ne peux pas sortir sans __________.
   a. raser   b. te raser
3. Vous __________ vos enfants tous les matins à six heures.
   a. réveillez   b. vous réveillez
4. Mes mauvaises notes aux examens de maths __________ un peu mes parents.
   a. inquiètent   b. s'inquiètent
5. Vous n'êtes pas Madame Fournier? Excusez-nous. Nous avons dû __________ d'appartement.
   a. tromper   b. nous tromper

2 Complétez Complétez ces phrases avec la forme correcte du verbe approprié. (5 x 1 pt. each = 5 pts.)

1. Sabrina __________ (se rendre compte / se moquer) souvent de ses collègues.
2. Alexandre ne veut pas rester, il préfère __________ (s'en aller / se raser).
3. Amandine et Aude sont de très bonnes copines. Elles __________ (se lever / s'entendre) bien.
4. Quand nous sommes en vacances, nous __________ (s'apercevoir / se détendre).
5. Je __________ (s'inquiéter / se souvenir) quand le téléphone sonne tard le soir.

3 En ville Écrivez des phrases complètes avec ces éléments. Faites tous les changements nécessaires. (5 x 2 pts. each = 10 pts.)

1. les conducteurs et les piétons / se fâcher / les uns contre les autres
   ____
2. le maire et le commissaire de police / s'écrire / des e-mails / tous les jours
   ____
3. tu / se souvenir / du rond-point / près des musées / ?
   ____
4. nous / ne jamais / s'habituer / aux embouteillages
   ____
5. pourquoi / vous / se méfier / du maire / ?
   ____

Nom ______________________________________ Date ____________________

Leçon 2

GRAMMAR 2.1 QUIZ II
Reflexive and reciprocal verbs

1 Verbes Complétez ces phrases avec la forme correcte du verbe approprié. N'utilisez pas le même verbe plus d'une fois. (5 x 1 pt. each = 5 pts.)

s'en aller	**se dépêcher**	**se taire**
se demander	**se méfier**	**se tromper**

1. Si vous pensez que sept et dix font soixante-dix, vous ______________________________.
2. Quand un vêtement de luxe est vendu à un très bas prix, tu ______________________________ et tu as raison!
3. Mes parents ______________________________ s'il vaut mieux habiter en ville ou à la campagne.
4. Quand je n'ai rien à dire, je ____________________.
5. Sophie ______________________________ toujours quand je viens lui parler. Je crois qu'elle me déteste.

2 À compléter Complétez ces phrases. (6 × 1 pt. each = 6 pts.)

1. Mes ami(e)s ________________ (s'apercevoir) toujours de/d'…
____
2. Je ne ________________ (se coucher) jamais avant de/d'…
____
3. Mon frère ________________ (se moquer) parfois de/d'…
____
4. Mes parents et moi, nous ________________ (se demander) souvent pourquoi…
____
5. Notre prof de français ________________ (s'inquiéter) parce que/qu'…
____
6. J'ai envie de ________________ (se détendre) quand…
____

3 Écriture Décrivez votre routine le matin avant d'aller au lycée. Employez un minimum de quatre verbes réfléchis et deux verbes réciproques. (9 pts.)

____
____
____
____
____

Nom ______________________________ Date ________________

Leçon 2

GRAMMAR 2.2 QUIZ I
Descriptive adjectives and adjective agreement

1 Choisissez Complétez les phrases avec la proposition appropriée. (5 x 1 pt. each = 5 pts.)

1. Avant, Justin et Britney étaient ensemble. Justin est ______________ de Britney.
   a. le petit ami ancien b. l'ancien petit ami c. le vieux petit ami
2. La cuisine ______________ est excellente.
   a. Grèce b. grecque c. grec
3. Pourquoi es-tu ______________, Jacqueline? Ne panique pas, respire!
   a. inquiet b. nerveux c. inquiète
4. Monica Bellucci est une actrice ______________.
   a. Italienne b. Italien c. italienne
5. Ma sœur a sa ______________. Elle l'a achetée hier et elle est déjà en désordre!
   a. voiture propre b. propre voiture c. pauvre voiture

2 Antonymes Répondez négativement à ces questions avec le contraire de chaque adjectif. Faites l'accord nécessaire. (5 x 1 pt. each = 5 pts.)

1. Est-ce un ancien anorak? Non, c'est un ______________ anorak.
2. Est-ce que ta chienne est jeune? Non, elle est ______________.
3. Est-ce que cette réponse est vraie? Non, elle est ______________.
4. La marée (*tide*) est-elle haute? Non, elle est ______________.
5. Est-ce que ta tante est plutôt libérale? Non, elle est plutôt ______________.

3 Accordez Choisissez l'adjectif approprié et accordez-le selon le nom qu'il qualifie. (10 x 1 pt. each = 10 pts.)

1. Sarah est très ______________ (fier / intellectuel). Elle passe des journées entières à la bibliothèque.
2. Les personnes ______________ (muet / doux) ne peuvent pas parler.
3. Ma petite sœur est ______________ (fou / naïf), elle croit tout ce qu'on lui dit.
4. La semaine ______________ (dernier / prochain), nous sommes allés rendre visite à mes grands-parents.
5. Tu as les mains ______________ (seul / doux). Avec quel savon est-ce que tu te les laves?
6. L'escalade est une activité ______________ (rêveur / dangereux).
7. Élodie est brune, mais sa grande sœur est ______________ (gentil / roux). Bizarre, non?
8. Quand on a chaud, on boit de l'eau ______________ (frais / mignon).
9. Quand il neige, la ville est toute ______________ (complet / blanc).
10. Morgane et Séverine sont nées à Toronto. Elles sont ______________ (français / canadien)

Nom ______________________________ Date ______________

Leçon 2

GRAMMAR 2.2 QUIZ II
Descriptive adjectives and adjective agreement

1 Phrases Écrivez six phrases en utilisant un élément de chaque section (sujet, verbe, adjectif). Ne répétez pas de mots. (6 x 2 pts. each = 12 pts.)

ma mère		**marron**	**haut**
ma sœur		**seul**	**beau**
ma grand-mère		**cher**	**grec**
ma maison	**(ne pas) être**	**public**	**roux**
ma chambre		**gentil**	**vieux**
ma salle de classe		**fou**	**doux**
ma fenêtre		**inférieur**	**cruel**
ma famille		**mignon**	**heureux**
ma veste		**franc**	**rêveur**
mes chaussures		**net**	**rouge foncé**

1. ______________________________
2. ______________________________
3. ______________________________
4. ______________________________
5. ______________________________
6. ______________________________

2 Description Écrivez un paragraphe dans lequel vous décrivez une de vos actrices ou chanteuses préférées. Parlez aussi bien de son apparence que de sa personnalité. Utilisez un minimum de huit adjectifs descriptifs. (8 pts.)

____
____
____
____
____
____
____
____
____
____
____
____
____
____
____

Nom ______________________________ Date ____________________

Leçon 2

GRAMMAR 2.3 QUIZ I
Adverbs

1 Catégories Indiquez la catégorie à laquelle chaque paire d'adverbes correspond. (4 x 1 pt. each = 4 pts.)

______	1. bien, vite	a. adverbes de temps
______	2. dedans, nulle part	b. adverbes de manière
______	3. parfois, tard	c. adverbes d'opinion
______	4. peut-être, san doute	d. adverbes de lieu
		e. adverbes de quantité

2 Formation Écrivez l'adverbe qui correspond à chaque adjectif. (10 x 1 pt. each = 10 pts.)

1. franc → ______________
2. mauvais → ______________
3. intelligent → ______________
4. courageux → ______________
5. lent → ______________
6. précis → ______________
7. discret → ______________
8. élégant → ______________
9. poli → ______________
10. progressif → ______________

3 Placement Choissez l'option correcte pour compléter chaque phrase. (6 x 1 pt. each = 6 pts.)

1. Ma mère ______________.
   a. calmement parle   b. parle calmement
2. Tu as ______________.
   a. trop mangé   b. mangé trop
3. Vous n'écoutez ______________.
   a. attentivement pas   b. pas attentivement
4. Le matin, elle ______________ le bus.
   a. rarement prenait   b. prenait rarement
5. Ils n'ont ______________ ce livre dans leur bibliothèque.
   a. peut-être pas   b. pas peut-être
6. Les enfants ne sont pas ______________.
   a. dehors sortis   b. sortis dehors

Nom ______________________________ Date ____________________

Leçon 2

GRAMMAR 2.3 QUIZ II
Adverbs

1 **À combiner** Combinez les éléments, conjuguez les verbes aux temps indiqués et faites les modifications nécessaires pour former des phrases complètes. (4 x 2 pts. each = 8 pts.)

1. mon frère / ne pas être (présent) / au cinéma / probablement
____
2. la fête / finir (passé composé) / tard
____
3. mes cousines / travailler (présent) / dur
____
4. ils / chanter (passé composé) / mal
____

2 **Comment** Exprimez la façon dont ces personnes font chaque chose en combinant les paires de phrases à l'aide d'un adverbe. (4 x 1 pt. each = 4 pts.)

1. Samuel joue au tennis. Il est bon.
____
2. Le dimanche, le train s'arrête. Les arrêts sont fréquents.
____
3. Émilie parle à son prof de maths. Elle est nerveuse.
____
4. Vous avez participé. Vous étiez actifs.
____

3 **Et vous?** Écrivez un paragraphe dans lequel vous expliquez la manière dont vous faites quatre activités dans une journée typique. Utilisez quatre adverbes différents. (8 pts.)

____
____
____
____
____
____
____
____
____
____
____
____

Nom ______________________ Date ______________

Leçon 2

LESSON TEST

1 Un petit mot de Paris Vous allez entendre une histoire. Écoutez-la attentivement, puis répondez aux questions par des phrases complètes. (6 x 2 pts. = 12 pts.)

1. Depuis quand Lisa est-elle à Paris?
____
2. Où se trouve l'appartement d'Isabelle? Comment est l'immeuble?
____
3. Qu'est-ce qu'il y a près de l'appartement?
____
4. Quels moyens de transport Lisa préfère-t-elle prendre à Paris?
____
5. Qu'est-ce que Lisa aime faire à Paris?
____
6. Qu'est-ce qui (*What*) se passe le jour où Lisa veut aller au musée d'Orsay?
____

2 Parlons de la ville Choisissez la phrase qui correspond le mieux à chaque mot de la colonne de gauche. (10 x 1 pt. = 10 pts.)

_____	1. un citadin	a. un très grand édifice
_____	2. un embouteillage	b. une personne qui n'est pas du pays
_____	3. un gratte-ciel	c. on s'y promène ou on y fait du sport
_____	4. un logement	d. on l'utilise pour traverser une rivière
_____	5. un étranger	e. on l'utilise pour traverser une rue à pied
_____	6. un pont	f. une ville tout prèsd'une grande ville
_____	7. un piéton	g. une personne qui habite dans une ville
_____	8. des clous	h. trop de voitures qui bloquent la circulation
_____	9. un jardin public	c i. où on habite
_____	10. une banlieue	j. une personne qui va à pied

3 Sylvie et Sophie Complétez le paragraphe avec la forme correcte des verbes entre parenthèses. (8 x 1 pt. = 8 pts.)

Ma sœur Sophie et moi, nous sommes très différentes. Moi, je (1) ______________ (s'amuser) bien quand on va en ville. Mes amis et moi, nous (2) ______________ (s'entendre) bien. Nous (3) ______________ (se réunir) au café ou nous faisons quelquefois la fête. Je suis très sociable, alors je parle aux gens que je rencontre et je (4) ______________ (s'intéresser) à ce qu'ils font. Sophie, par contre, est timide. Elle (5) ______________ (se méfier) des gens qu'elle ne connaît pas. En général, elle (6) ______________ (s'ennuyer) à une fête, et une demi-heure après notre arrivée, elle (7) ______________ (se plaindre) et (8) ______________ (se mettre) à bouder (*pout*).

4 Les gens que je connais Réécrivez les phrases avec l'adverbe qui correspond à chaque adjectif. Faites attention au placement de l'adverbe. (5 pts. for adverbs + 5 pts. for placement = 10 pts.)

1. Karine et Mathilde sortent. (fréquent)
____
2. Fabien lit le journal. (quotidien)
____
3. Thérèse termine ses devoirs. (facile)
____
4. Michel conduit. (mauvais)
____
5. Je parle à mon petit frère. (doux)
____

5 Un appart' en ville Complétez le paragraphe avec les bons adjectifs. N'oubliez pas de faire l'accord. (6 x 1 pt. = 6 pts.)

animé   beau   bruyant   grand   privé   propre

Ma famille cherche un (1) ______________ appartement dans une rue (2) ______________, mais pas trop (3) ______________. Ça ne nous dérange pas si l'appartement n'est pas très (4) ______________, mais il me faut ma (5) ______________ chambre. L'appartement de nos rêves a un jardin (6) ______________ et un balcon.

6 À vous! Créez six phrases à l'aide des éléments des quatre colonnes. Ajoutez tous les autres éléments nécessaires. (6 x 2 pts. = 12 pts.)

A	B	C	D
agent de police	améliorer	beaucoup	banlieue
chauffeur de taxi	construire	jamais	chez nous
citoyens	descendre	lentement	édifice
colocataire	s'ennuyer	peu	gratte-ciel
conducteur	manifester	poliment	hôtel de ville
maire	passer devant	quelquefois	place
passagers	rouler	souvent	préfecture de police
piéton	traverser	vite	rue

1. ____
2. ____
3. ____
4. ____
5. ____
6. ____

Nom ______________________________ Date ______________

LECTURE

Visite guidée du centre-ville

Samedi matin, sur la place de l'Hôtel de ville:

GUIDE Approchez, Mesdames et Messieurs. C'est ici que nous allons commencer notre visite du centre-ville. Tout d'abord, un peu d'histoire. Vous voyez ces édifices sur votre droite? Ils datent du 17e siècle. Au bout (*At the end of*) de la rue, c'est le jardin public, le plus ancien et le plus beau de la région. Il se trouve entre la préfecture et le musée.

DAME Est-ce qu'on va pouvoir visiter le musée?

GUIDE Nous n'en avons pas le temps, Madame, mais vous pouvez revenir plus tard. On se dirige maintenant vers le quartier commerçant (*shopping area*). Il est très animé, vous allez voir. Restez bien sur le trottoir et faites attention aux croisements, surtout. Il y a beaucoup de circulation à cette heure-ci.

MONSIEUR Et au bout de cette rue, c'est quoi? Un grand rond-point?

GUIDE Oui, mais on y construit de nouvelles voies d'accès et il est bloqué (*shut down),* à cause des travaux. Voilà, nous passons devant le marché couvert. C'est bruyant, n'est-ce pas? Un peu comme une foire (*fair*). Mais on s'habitue très vite au bruit. Notre visite prévoit trente minutes au marché… Attention, méfiez-vous des prix. Certains vendeurs cherchent à duper les touristes.

JEUNE HOMME Et si on allait plutôt au café? J'ai soif, moi.

GUIDE C'est comme vous voulez, cher Monsieur. Mais on se retrouve tous dans une demi-heure pour le reste de la visite. Rejoignez-moi là-bas, entre la caserne des pompiers et le commissariat, à côté de l'arrêt d'autobus, d'accord?

VIEILLE DAME Mais nous n'avons pas encore vu le fameux pont!

GUIDE Rassurez-vous, Madame, la visite n'est pas terminée et on ira le voir après, bien sûr. Je vous montrerai aussi un endroit très spécial et très inattendu. Ça vous plaira, j'en suis sûre. Si vous vous perdez, n'hésitez pas à demander des indications. Les habitants sont un peu pressés (*in a hurry*)—ce sont des citadins, après tout—mais ils ne sont pas désagréables. À tout à l'heure, Mesdames et Messieurs!

1 Compréhension Répondez aux questions par des phrases complètes. (6 x 2 pts. = 12 pts.)

1. De quel siècle datent les édifices du centre-ville?

   ____

2. Quelle particularité caractérise le jardin public?

   ____

3. Quelles précautions faut-il prendre dans le quartier commerçant?

   ____

4. Si les touristes suivent le conseil du guide, que vont-ils faire au marché?

   ____

5. Que va faire le groupe dans une demi-heure?

   ____

6. Dans quel cas les touristes vont-ils demander des indications?

   ____

Nom ________________________________ Date ____________________

2 **Paraphrase** Résumez en trois phrases la visite guidée du centre-ville. (10 pts.)

RÉDACTION

Écrivez un paragraphe d'au moins cinq phrases dans lequel vous racontez une visite dans une grande ville. Dites ce que vous avez fait et décrivez ce que vous avez vu. Utilisez le vocabulaire et les structures de la leçon. (20 pts.)

Nom ______________________ Date ______________

OPTIONAL TESTING SECTIONS

Leçon 2
Court métrage

Écrivez un paragraphe qui résume le court métrage *J'attendrai le suivant…* Aidez-vous de ces questions: Que se passe-t-il sur la photo? Comment réagissent les gens dans la rame de métro? Comment se termine le film?

____

____

____

____

____

Imaginez
La France

Répondez aux questions par des phrases complètes.

1. Qu'est-ce que la ville de Lyon et la ville de Marseille se disputent?

   ____

2. Dans quelle ville française le Mur du cinéma se trouve-t-il?

   ____

3. Que se passe-t-il au mois de février à Menton sur la Côte d'Azur?

   ____

4. Où les randonnées en rollers ont-elles commencé?

   ____

Galerie de Créateurs

Écrivez un paragraphe pour expliquer la spécialité de Yann Arthus-Bertrand. Qu'a-t-il découvert à propos du pouvoir *(power)* de son art sur les gens? Qu'a-t-il créé avec l'aide de l'UNESCO? Qu'est-ce qu'il fait depuis 2009?

____

____

____

____

____

____

____

____

Nom ______________________________ Date ______________

Leçon 3

VOCABULARY QUIZ I

1 Chassez l'intrus Dans chaque groupe, choisissez l'élément qui ne va pas avec les autres. (5 x 1 pt. each = 5 pts.)

1. a. un réalisateur
   b. un téléspectateur
   c. un auditeur
2. a. un mensuel
   b. un reportage
   c. un hebdomadaire
3. a. la bande originale
   b. les sous-titres
   c. la page sportive
4. a. un fait divers
   b. l'actualité
   c. une chaîne
5. a. un journaliste
   b. une vedette
   c. un envoyé spécial

2 Vrai ou faux? Décidez si les phrases sont vraies (**V**) ou fausses (**F**). (5 x 1 pt. each = 5 pts.)

________ 1. La censure est compatible avec la liberté de la presse.

________ 2. Une interview en direct est enregistrée à l'avance.

________ 3. La presse à sensation parle de la vie des vedettes.

________ 4. Les publicités sont généralement à la une d'un journal.

________ 5. Un feuilleton est une série de fiction retransmise à la télévision.

3 Complétez Complétez chaque phrase avec le mot de vocabulaire approprié. (5 x 2 pts. each = 10 pts.)

1. Les gros titres de la page principale d'un site web d'information sont toujours récents parce qu'ils sont ______________ toutes les cinq minutes.
2. Un reporter doit ______________ et recueillir (*gather*) des informations avant de présenter son reportage.
3. La ______________ d'un magazine a généralement une photo et des gros titres.
4. Pour ______________ sur l'actualité, on peut lire un journal, écouter la radio, naviguer sur Internet ou regarder la télévision.
5. Un(e) ______________ détermine, vérifie et corrige le contenu (*content*) d'un journal ou d'un magazine.

Nom ______________________________ Date ______________

Leçon 3

VOCABULARY QUIZ II

1 Catégories Complétez chaque liste avec deux mots du nouveau vocabulaire. (6 x 1 pt. each = 6 pts.)

la presse	Le cinéma et la télévision	Les gens des médias
un journal	une première	un reporter
la presse à sensation	une chaîne	un(e) éditeur/éditrice
________	________	________
________	________	________

2 Définissez Écrivez une définition pour chaque mot. (5 x 1 pt. each = 5 pts.)

1. une publicité ______________________________
2. l'actualité ______________________________
3. un(e) réalisateur/réalisatrice ______________________________
4. la presse à sensation ______________________________
5. un mensuel ______________________________

3 La presse Écrivez un paragraphe dans lequel vous parlez de votre journal ou magazine préféré. Décrivez sa forme, son contenu, ses rubriques et ses points de vue. Utilisez neuf mots du vocabulaire de cette leçon. (9 pts.)

Nom ____ Date ______________________

Leçon 3

GRAMMAR 3.1 QUIZ I
The *passé composé* with *avoir*

1 Catégories Écrivez le participe passé de chaque verbe. (5 x 1 pt. each = 5 pts.)

Infinitif	Participe passé
vivre	(1)
ouvrir	(2)
savoir	(3)
pouvoir	(4)
mettre	(5)

2 Transformez Ces phrases sont au présent. Écrivez-les au passé composé et faites les changements nécessaires. (5 x 2 pts. each = 10 pts.)

1. Elle est en retard.

____

2. Je la vends.

____

3. Aujourd'hui, nous mangeons beaucoup.

____

4. Samedi prochain, tu dois travailler.

____

5. Vous ne conduisez pas attentivement.

____

3 Complétez Complétez les phrases avec la forme correcte du passé composé des verbes entre parenthèses. (5 x 1 pt. each = 5 pts.)

1. Soudain, il ______________ (pleuvoir) très fort, puis le soleil est revenu.
2. Je ______________ (ne pas lire) ce livre.
3. Récemment, nous ______________ (voir) une comédie romantique.
4. Quand ta sœur t'a dit qu'elle avait embrassé Robert Pattinson, tu ______________ (ne pas croire) son histoire.
5. Qui est l'auteur de cette lettre? Est-ce que vous la/l' ______________ (écrire)?

Nom ______________________________ Date ____________________

Leçon 3

GRAMMAR 3.1 QUIZ II
The *passé composé* with *avoir*

1 Complétez Complétez les phrases avec la forme correcte du passé composé des verbes entre parenthèses. (5 x 1 pt. each = 5 pts.)

1. Tout à coup, mon petit frère ________________ (avoir) envie d'aller aux toilettes.
2. Ma sœur a loué deux nouveaux films, mais je les ________________ (voir) la semaine dernière.
3. Hier soir, nous ________________ (ne pas pouvoir) faire nos devoirs parce qu'il y a eu une coupure de courant (*power outage*).
4. Mes parents ________________ (ne jamais vivre) en France.
5. Églantine dit que sa composition est chez elle et qu'elle la/l' ________________ (écrire) le week-end dernier.

2 À combiner Utilisez les éléments donnés pour écrire des phrases complètes au passé composé. Faites tous les changements nécessaires. (4 x 2 pts. = 8 pts.)

1. mes copines / prendre / vite / le petit-déjeuner

   ____

2. soudain / les enfants / vouloir / s'arrêter

   ____

3. ils / oublier / certainement / le rendez-vous

   ____

4. nous / courir / rapidement / pendant dix minutes

   ____

3 Mes dernières vacances Écrivez un paragraphe dans lequel vous racontez ce que vous avez fait pendant vos dernières vacances scolaires. Utilisez au moins sept verbes au passé composé avec **avoir**. (7 pts.)

____

____

____

____

____

____

____

____

____

Nom ______________________________ Date ______________

Leçon 3

GRAMMAR 3.2 QUIZ I
The *passé composé* with *être*

1 Auxiliaire Indiquez si la conjugaison de ces verbes au passé composé est formée avec **avoir**, **être** ou, dans certains cas, **les deux**. (10 x 1 pt. each = 10 pts.)

Infinitif	Auxiliaire	Infinitif	Auxiliaire
passer	(1)	sortir	(6)
voyager	(2)	rester	(7)
aller	(3)	être	(8)
entrer	(4)	devenir	(9)
naître	(5)	retourner	(10)

2 À transformer Écrivez ces phrases au passé composé avec **être** ou **avoir**, et faites les changements nécessaires. (5 x 1 pt. each = 5 pts.)

1. Marine ne tombe jamais dans la rue.
   ____
2. Ils descendent les poubelles.
   ____
3. Elles montent en haut de la tour Eiffel.
   ____
4. Matthieu et Sarah se téléphonent.
   ____
5. Coraline et moi ne nous dépêchons pas.
   ____

3 Complétez Complétez les phrases avec la forme correcte du passé composé des verbes entre parenthèses. Le verbe auxiliaire peut être **avoir** ou **être**. (5 x 1 pt. each = 5 pts.)

1. Gilles est malade. Il ______________ (passer) toute la matinée à l'hôpital pour faire des analyses.
2. À la fin du concert, mes amis et moi ______________ (rentrer) chez nous.
3. Ma grand-mère ______________ (mourir) à l'âge de 85 ans.
4. Mes frères ______________ (se laver) les cheveux avec mon shampooing!
5. Hélène, tu ______________ (ne pas se maquiller) avec mon rouge à lèvres, n'est-ce pas?

Nom ____ Date ____________________

Leçon 3

GRAMMAR 3.2 QUIZ II
The *passé composé* with *être*

1 Complétez Complétez les phrases avec la forme correcte du passé composé des verbes entre parenthèses. Le verbe auxiliaire peut être **avoir** ou **être**. (5 x 1 pt. each = 5 pts.)

1. Ma mère ______________ (ne pas sortir) de la maison hier. Elle a la grippe et doit se reposer.
2. Isabelle ______________ (descendre) l'escalier à toute vitesse (*in a hurry*).
3. Jade et Laure ______________ (ne pas se parler) au téléphone hier.
4. Aurélie ______________ (naître) en 2002.
5. Les enfants ______________ (se réveiller) à six heures du matin mais leurs parents ont continué de dormir.

2 À transformer Utilisez les éléments donnés pour écrire des phrases complètes au passé composé avec **être** ou **avoir**. (4 x 2 pts. = 8 pts.)

1. Emma / tomber / parce que / elle / sortir / dans / la neige

   ____
2. ma sœur / sortir / notre chien Pollux

   ____
3. ils / ne / pas / se brosser / les dents

   ____
4. elles / se rencontrer / au cinéma

   ____

3 Hier Écrivez un paragraphe dans lequel vous racontez où vous êtes allé(e) et ce que vous avez fait hier. Utilisez au moins sept verbes au passé composé. Incluez des verbes pronominaux (réfléchis et réciproques). (7 pts.)

____

____

____

____

____

____

____

Nom ______________________________ Date ______________

Leçon 3

GRAMMAR 3.3 QUIZ I
The *passé composé* vs. the *imparfait*

1 Choisissez Indiquez si chacun de ces verbes doit être conjugué au passé composé ou à l'imparfait. (6 x 1 pt. each = 6 pts.)

1. Quand j'étais petit, je/j' ______________ au basket tous les soirs.
   a. jouais   b. ai joué
2. Un jour, nous ______________ notre actrice préférée dans la rue.
   a. rencontrions   b. avons rencontré
3. Tu t'es réveillée et as vu qu'il ______________ déjà beau.
   a. faisait   b. afait
4. Pendant que la pianiste ______________, un homme tournait les pages de la partition (*score*).
   a. jouait   b. a joué
5. Quand Lois a vu Clark sans ses lunettes, elle ______________ que c'était Superman.
   a. savait   b. a su
6. Vous ______________ nous téléphoner à huit heures hier soir. Pourquoi est-ce que vous ne l'avez pas fait?
   a. deviez   b. avez dû

2 À transformer Utilisez les éléments donnés pour écrire des phrases complètes. Faites les changements nécessaires et conjuguez les verbes au passé composé ou à l'imparfait selon le contexte. (4 x 2 pts. each = 8 pts.)

1. quand / ma sœur / avoir / cinq ans / elle / avoir / peur / de l'obscurité (*darkness*)
   ____
2. quand / notre train / arriver / hier soir / nous / être / fatigué
   ____
3. le week-end dernier / nous / manger / au restaurant / puis / nous / aller / au cinéma
   ____
4. nous / regarder / télévision / quand / tu / téléphoner
   ____

3 Histoire Complétez ce paragraphe avec la forme correcte du passé composé ou de l'imparfait des verbes entre parenthèses. (6 x 1 pt. each = 6 pts.)

Ce soir-là, Martine (1) ______________ (être) couchée quand elle (2) ______________ (entendre) un bruit bizarre sous son lit. Elle (3) ______________ (ne pas savoir) quoi faire! Aussitôt (*Right away*), elle (4) ______________ (vouloir) appeler ses parents mais aucun son (*sound*) ne/n' (5) ______________ (sortir) de sa bouche. Soudain, elle (6) ______________ (se réveiller). C'était juste un cauchemar (*nightmare*)!

Nom ____ Date ______________________

Leçon 3

GRAMMAR 3.3 QUIZ II
The *passé composé* vs. the *imparfait*

1 Histoire Complétez ce paragraphe avec la forme correcte du passé composé ou de l'imparfait des verbes entre parenthèses. (10 x 1 pt. each = 10 pts.)

La première fois que mes parents (1) ____________________ (aller) à Paris, ce/c' (2) ____________________ (être) en juillet 1985. Sur les photos, mon père (3) ____________________ (avoir) une moustache! Quand leur avion (4) ____________________ (atterir [*to land*]), il (5) ____________________ (pleuvoir) beaucoup. Le premier jour, malgré (*despite*) le mauvais temps, mes parents (6) ____________________ (faire) du shopping sur les Champs-Élysées et ils (7) ____________________ (dîner) chez Maxim's, un restaurant très chic. Ce soir-là, pendant qu'ils (8) ____________________ (manger) le dessert, un homme (9) ____________________ (jouer) de l'accordéon à côté de leur table. Avant ce dîner, ma mère (10) ____________________ (détester) cet instrument, mais maintenant elle l'adore!

2 Continuez Imaginez le reste de chaque phrase et complétez-la en utilisant l'imparfait ou le passé composé selon le contexte. (5 x 1 pt. each = 5 pts.)

1. Quand j'étais plus jeune, ____.
2. Le jour de ma naissance, ____.
3. Pendant que ____.
4. Tout à coup, ____.
5. L'année dernière, ____.

3 Un compte rendu Écrivez un paragraphe dans lequel vous donnez un compte rendu (*summary*) d'un film que vous avez vu récemment. Utilisez le passé composé et l'imparfait. (5 pts.)

____

____

____

____

____

____

Nom ______________________________ Date ____________________

Leçon 3

LESSON TEST

1 À la télé Vous allez entendre une annonce. Écoutez-la attentivement, puis répondez aux questions par des phrases complètes. (6 x1 pt. = 6 pts.)

1. À quelle heure passent les nouvelles?

   ____

2. *Les blogs et les jeunes* est une émission de quel genre?

   ____

3. Avec qui Michel Hublot a-t-il un entretien?

   ____

4. Que fait Albert Toulon?

   ____

5. Quelle est la profession de Jean-François Goulet?

   ____

6. Comment s'appelle le feuilleton qui passe à vingt-deux heures?

   ____

2 Les médias Indiquez les médias qui correspondent aux douze mots. Attention! Il y a quelques mots qui s'appliquent à plusieurs médias. (16 x 1 pt. = 16 pts.)

	le cinéma	la presse	la télévision		le cinéma	la presse	la télévision
1. une chronique				7. un reportage			
2. un feuilleton				8. un réalisateur			
3. une vedette				9. un téléspectateur			
4. un écran				10. une première			
5. un titre				11. une chaîne			
6. la rubrique société				12. un hebdomadaire			

Nom ______________________________ Date ________________

3 **À vous!** Assemblez les éléments des quatre colonnes pour créer six phrases au passé composé. Ajoutez les autres éléments nécessaires. (6 x 2 pts. = 12 pts.)

A	B	C	D
animateur	déjà	divertir	auditeur
photographe	finalement	écrire	documentaire
rédacteur	hier soir	faire	journal
vedette	longtemps	parler	page sportive
reporter	lundi dernier	prendre	réalisateur
envoyé spécial	récemment	recevoir	reportage

1. ______________________________
2. ______________________________
3. ______________________________
4. ______________________________
5. ______________________________
6. ______________________________

4 **À transformer** Écrivez les phrases au passé composé et ajoutez les adverbes entre parenthèses. (6 pts. for verbs + 6 pts. for adverb placement = 12 pts.)

1. Il pleut. (longtemps)
____
2. Ces deux journalistes disent la vérité. (toujours)
____
3. Est-ce que vous regardez la télévision pendant les vacances? (beaucoup)
____
4. Nous écoutons la bande originale de ce film. (récemment)
____
5. Le réalisateur oublie ses rendez-vous. (probablement)
____
6. Tu retournes au studio? (vite)
____

5 **Quelle soirée!** Complétez le paragraphe avec la forme correcte du passé composé des verbes entre parenthèses. Faites attention à l'accord. (6 x 1 pt. = 6 pts.)

Le week-end dernier, je (1) ________________ (sortir) avec mes amis Carole et Jean-Marc. Ils (2) ________________ (arriver) chez moi vers sept heures. Nous (3) ________________ (prendre) le bus pour aller au cinéma. Au moment de descendre du bus, Carole (4) ________________ (tomber) et elle (5) ________________ (se fouler) la cheville. Au lieu d'aller au cinéma, nous (6) ________________ (aller) à l'hôpital!

Nom ______________________________ Date ______________

6 **Quel temps?** Écrivez la forme appropriée du passé composé ou de l'imparfait des verbes entre parenthèses selon le contexte pour compléter les phrases. (5 x 2 pts. = 10 pts.)

1. Quand je/j' ______________ petit, je/j' ______________ souvent au cinéma pendant les vacances. (être / aller)
2. Et vous, est-ce que vous ______________ au cinéma quand vous ______________ douze ans? (s'intéresser / avoir)
3. Cette année, les grandes vacances ______________ le quinze juin et nous ______________ de la Côte d'Azur le premier septembre. (commencer / rentrer)
4. Un soir, nous ______________ quand le téléphone ______________. (dormir / sonner)
5. Mon meilleur ami ______________ d'arriver pour voir les vedettes à Cannes. (venir)

LECTURE

Radio 106

RÉDACTEUR EN CHEF Bienvenue à Radio 106! Je suis le rédacteur en chef du service information et c'est moi qui vais vous faire visiter la station aujourd'hui. Ensuite, Annie Péret, notre animatrice, vous emmènera au studio B pour assister à son émission de 11h30. Voici d'abord les locaux (*offices*) du service information. Nous y préparons les journaux quotidiens. Vous voyez ici quelques-uns de nos reporters au travail. Ça, c'est le matériel pour les reportages à l'extérieur. Peter est de passage seulement, car c'est notre envoyé spécial à Bruxelles et dans le reste de l'Europe.

PETER Bonjour tout le monde!

RÉDACTEUR EN CHEF Comme vous le voyez, nous nous informons 24 heures sur 24 des événements marquants de l'actualité dans le monde. Ces écrans sont actualisés toutes les trois minutes. Nous faisons aussi beaucoup d'enquêtes, en particulier sur les faits divers. Il n'y a pas de censure de la part des dirigeants (*heads*) de la station. Les journalistes et moi-même décidons tous ensemble des gros titres du journal et nous essayons toujours de rester impartiaux. Là-bas à droite, c'est le coin des animateurs. Je vois que certains sont en train d'écrire leurs chroniques! Michel Janset fait les critiques de films et Fabienne Robert organise des entretiens avec des personnalités médiatiques. Djibril Malouni est responsable de la revue de presse. Maintenant, dirigeons-nous vers les studios, au fond. Ici, on enregistre les publicités. Et voici Annie Péret, l'animatrice de «Si j'ai pas raison», l'émission hebdomadaire qui fait le plus d'audience…

ANIMATRICE Bonjour à tous et bienvenue! Je vous présente Jean-Marc, le réalisateur de l'émission. Il s'occupe de la technique et dirige le programme à partir de (*from*) cet écran de contrôle. L'émission est en direct et elle va bientôt commencer. Allez vous installer… et je vous retrouve dans dix minutes, avec les auditeurs.

Nom ______________________________ Date ______________

1 Compréhension Répondez aux questions par des phrases complètes. (6 x 2 pts. = 12 pts.)

1. Où est-ce que le groupe commence sa visite de Radio 106?
____
2. Le rédacteur en chef dit que Peter est de passage. Quel est son travail à Radio 106?
____
3. Que font les journalistes 24 heures sur 24?
____
4. Que font les journalistes et le rédacteur en chef quand ils décident des gros titres du journal?
____
5. Que font Michel Janset et Fabienne Robert?
____
6. Combien de fois par semaine passe l'émission d'Anne Péret à la radio?
____

2 Et vous? Imaginez que vous ayez un entretien pour être l'assistant(e) de quelqu'un qui travaille à Radio 106. Choisissez une des personnes mentionnées et expliquez en trois phrases pourquoi ce travail vous intéresse. Utilisez le passé composé et l'imparfait. (6 pts.)

____
____
____
____
____

RÉDACTION

Imaginez que vous soyez reporter. Écrivez une conversation entre vous et votre acteur ou réalisateur préféré. Posez au moins cinq questions. Utilisez le passé composé, l'imparfait et le vocabulaire de la leçon. (20 pts.)

____
____
____
____
____
____
____
____
____
____
____
____
____

Nom ______________________ Date ______________

OPTIONAL TESTING SECTIONS

Leçon 3
Court métrage

À la fin du court métrage *Le Technicien*, le monsieur âgé dit au technicien qu'il n'a pas encore fini. Écrivez un dialogue entre les deux hommes au sujet de la journée que le technicien vient de passer. Abordez aussi l'avenir du technicien.

Imaginez
Le Québec

1. 2. 3.

Choisissez une de ces photographies et décrivez ce qu'elle représente. Basez-vous sur ce que vous avez appris dans la section **Imaginez**.

Nom ______________________________ Date ______________

Le Zapping

En quelques phrases complètes, dites ce que vous savez au sujet du journal sur la photo.

Nom ________________________ Date ____________

Leçon 4

VOCABULARY QUIZ I

1 Associez Indiquez l'action la plus logique de la colonne **B** pour chaque personne de la colonne **A**. (5 x 1 pt. each = 5 pts.)

	A	**B**
________	1. un(e) avocat(e)	a. faire du chantage
________	2. un(e) député(e)	b. défendre
________	3. un(e) juge	c. gouverner
________	4. un(e) président(e)	d. juger
________	5. un(e) terroriste	e. approuver une loi

2 Chassez l'intrus Dans chaque groupe, choisissez l'élément qui ne va pas avec les autres. (5 x 2 pts. each = 10 pts.)

1. a. injuste
   b. coupable
   c. innocent
2. a. voter
   b. élire
   c. sauver
3. a. la cruauté
   b. la paix
   c. la violence
4. a. un crime
   b. une victime
   c. un drapeau
5. a. une menace
   b. un tribunal
   c. un juré

3 Logique ou illogique? Décidez si les phrases sont logiques (**L**) ou illogiques (**I**). (5 x 1 pt. each = 5 pts.)

________ 1. La criminalité est pacifique.

________ 2. Enlever quelqu'un est un crime.

________ 3. Un voleur se consacre à la paix dans le monde.

________ 4. Un militant n'a pas de croyance.

________ 5. Une dictature est un abus de pouvoir.

Nom ______________________________ Date ____________________

Leçon 4

VOCABULARY QUIZ II

1 Complétez Complétez chaque phrase avec un mot ou une expression du nouveau vocabulaire. (4 x 1 pt. each = 4 pts.)

1. Menacer de révéler un secret pour obtenir quelque chose de quelqu'un, c'est faire ______________.
2. Assassiner est ________________ puni par la loi.
3. ________________ est un conflit armé à l'intérieur d'un même pays.
4. ________________ est une émotion qu'on ressent quand on est opprimé(e) ou menacé(e).

2 Définissez Écrivez des phrases complètes pour définir chacun de ces termes. (5 x 2 pts. each = 10 pts.)

1. un(e) analphabète ____
____
2. la paix ____
____
3. un tribunal ____
____
4. un avocat ____
____
5. enlever quelqu'un ____
____

3 Campagne Vous êtes candidat(e) à la présidence de votre promotion (*class*) cette année. Écrivez un paragraphe dans lequel vous exposez votre programme ainsi que votre point de vue sur la sécurité au lycée, sur la structure démocratique de votre école et sur les droits et les devoirs des lycéens. Utilisez du vocabulaire en relation avec les lois, les droits, la justice, la politique et la sécurité. (6 pts.)

____
____
____
____
____
____
____
____
____
____

Nom ______________________ Date ______________

Leçon 4

GRAMMAR 4.1 QUIZ I
The *plus-que-parfait*

1 Complétez Complétez les phrases avec la forme correcte du plus-que-parfait des verbes entre parenthèses. (4 x 2 pts. each = 8 pts.)

1. Carole ______________________ (voter) tôt le matin et elle attendait impatiemment le résultat des élections.
2. Pendant dix ans, Corinne ______________________ (se consacrer) au développement économique et culturel de sa ville avant d'être candidate aux élections municipales.
3. L'année précédente, cette femme politique ______________________ (aller) au tribunal après avoir été accusée d'abus de pouvoir.
4. La loi que ces députés ______________________ (approuver) la semaine précédente définissait le téléchargement illégal comme un crime.

2 Pourquoi? Combinez ces paires de phrases et employez le plus-que-parfait pour expliquer pourquoi ces choses se sont passées comme ça. (3 x 2 pts. each = 6 pts.)

Modèle

Il y avait des drapeaux partout. Le président est arrivé la veille.

Il y avait des drapeaux partout parce que le président était arrivé la veille.

1. Le candidat était triste. Il a perdu l'élection.
   ____
2. Nous avons pu nous téléphoner. Nous nous sommes donné nos numéros respectifs.
   ____
3. Ces activistes ont été arrêtés par la police. Ils sont devenus violents.
   ____

3 Conjuguez Écrivez la forme correcte du plus-que-parfait, du passé composé ou de l'imparfait des verbes entre parenthèses selon le contexte. (6 x 1 pt. each = 6 pts.)

1. Quand nous sommes arrivés au cinéma, le film ____________ (commencer) depuis cinq minutes.
2. Je ____________ (venir) de rentrer du lycée quand tu m'as téléphoné.
3. Vous auriez gagné l'élection si vous ____________ (ne pas être) si modéré pendant le débat télévisé.
4. Les jurés ____________ (condamner) le criminel parce qu'il avait commis un crime grave.
5. Nous avons proposé à mes parents de regarder cette comédie mais ils la/l' ____________ (voir) deux jours plus tôt.
6. Ah, si je/j' ____________ (pouvoir) voir Michael Jackson en concert!

Nom ______________________________ Date ______________

Leçon 4

GRAMMAR 4.1 QUIZ II
The *plus-que-parfait*

1 Complétez Complétez les phrases avec la forme correcte du passé composé, de l'imparfait ou du plus-que-parfait des verbes entre parenthèses. (8 x 1 pt. each = 8 pts.)

L'élection présidentielle (1) ____________ (être) hier. Juliette (2) ____________ (se lever) tard parce qu'elle (3) ____________ (regarder) la télévision jusqu'à deux heures du matin. Elle (4) ____________ (aller) voter à midi. Elle (5) ____________ (venir) d'arriver devant la mairie quand elle (6) ____________ (se rendre compte) qu'elle (7) ____________ (oublier) sa carte d'électrice. Si seulement elle (8) ____________ (faire) plus attention ce matin-là!

2 Pourquoi? Expliquez la cause de chaque situation avec une phrase au plus-que-parfait. (4 x 2 pts. = 8 pts.)

1. Nous avons fait demi-tour (*turned around*) parce que...
____
2. Tu as fait une sieste (*nap*) parce que...
____
3. Elles se sont excusées parce que...
____
4. Hier, j'étais content(e) parce que...
____

3 Proposition Souvenez-vous de la dernière fois que quelqu'un vous a fait une proposition (d'aller quelque part, de faire quelque chose, etc.). Écrivez une brève description de cette suggestion et de votre réponse, puis utilisez le plus-que-parfait pour parler des choses que vous aviez déjà faites et qui ont motivé votre décision. (4 pts.)

____
____
____
____
____
____

Nom ______________________________ Date ______________

Leçon 4

GRAMMAR 4.2 QUIZ I
Negation and indefinite adjectives and pronouns

1 À transformer Écrivez des phrases complètes avec les éléments donnés. Utilisez la forme du verbe qui correspond au temps indiqué. (5 x 1 pt. each = 5 pts.)

1. je / ne... personne / voir (passé composé)

   ____

2. nous / ne... rien / aller (présent) / dire

   ____

3. tu / ne... jamais / être (passé composé) / en retard

   ____

4. personne / ne / aimer (imparfait) / cette chanson

   ____

5. ils / ne... ni... ni / parler (présent) / anglais / français

   ____

2 Complétez Complétez chaque phrase avec l'équivalent français du mot entre parenthèses. (5 x 1 pt. each = 5 pts.)

1. J'ai lu ces livres. Je peux t'en prêter ____________ (*a few of them*).
2. La cruauté est ____________ (*something*) que je combats.
3. ____________ (*Each*) fois qu'un juge entre dans un tribunal, tout le monde se tait.
4. ____________ (*Most*) des victimes ont été sauvées.
5. Ce voleur a commis ____________ (*several*) crimes.

3 Non! Répondez négativement à chacune de ces questions avec une phrase complète et l'expression négative appropriée. (5 x 2 pts. each = 10 pts.)

1. Aime-t-elle toujours ce parti politique?

   ____

2. Toi et tes amis, connaissez-vous vraiment ce chanteur et cette chanteuse?

   ____

3. As-tu déjà bu de l'eau ce matin?

   ____

4. Est-ce que quelque chose te dérange (*bothers you*)?

   ____

5. Ta famille et toi, êtes-vous allés quelque part l'été dernier?

   ____

Nom ________________________________ Date ________________

Leçon 4

GRAMMAR 4.2 QUIZ II
Negation and indefinite adjectives and pronouns

1 Non! Répondez négativement à chacune de ces questions avec une phrase complète et l'expression négative appropriée. (6 x 2 pts. each = 12 pts.)

1. Aime-t-elle toujours ce parti politique?

   ____

2. Toi et tes amis, connaissez-vous vraiment ce chanteur et cette chanteuse?

   ____

3. As-tu déjà bu de l'eau ce matin?

   ____

4. Est-ce que quelque chose te dérange (*bothers you*)?

   ____

5. Ta famille et toi, êtes-vous allés quelque part l'été dernier?

   ____

6. Tu ne danses pas, mais est-ce qu'au moins (*at least*) tu chantes?

   ____

2 Complétez Complétez chaque phrase avec l'équivalent français du mot entre parenthèses. (5 x 1 pt. each = 5 pts.)

1. J'ai beaucoup d'oncles. ______________ (*Most of them*) sont très sympas.
2. Une ______________ (*such*) dictature est une menace pour la paix mondiale.
3. Nous avons trois voitures. ___________ (*Each one*) a son propre garage.
4. Notre amie connaît ______________ (*some*) hommes politiques.
5. ______________ (*Several*) personnes ont été victimes de ce voleur.

3 Dans la classe Écrivez un paragraphe dans lequel vous expliquez les règles dans votre classe de français. Qu'est-ce qu'on ne doit pas faire? Utilisez au moins trois expressions négatives ou pronoms indéfinis. (3 pts.)

____

____

____

____

____

____

Nom ______________________________ Date ______________

Leçon 4

GRAMMAR 4.3 QUIZ I
Irregular *-ir* verbs

1 Conjugaison Complétez ce tableau avec la forme correcte du présent de chaque verbe et parfois la forme correcte de son participe passé. (10 x 1 pt. each = 10 pts.)

Infinitif	je	tu	elle	nous	vous	ils	participe passé
mourir	meurs	meurs	(1) _____	mourons	(2) _____	meurent	mort
partir	(3) _____	pars	part	partons	partez	(4) _____	parti
ouvrir	ouvre	(5) _____	ouvre	ouvrons	ouvrez	ouvrent	(6) _____
maintenir	maintiens	maintiens	(7) _____	(8) _____	maintenez	maintiennent	maintenu
devenir	deviens	deviens	devient	devenons	devenez	(9) _____	(10) _____

2 Complétez Complétez chacune de ces phrases avec la forme logique du verbe approprié. Le temps de chaque verbe varie selon le contexte. (10 x 1 pt. each = 10 pts.)

1. Quand il est dans un ascenseur, Robert ____________ (sentir / se sentir) mal, comme emprisonné.
2. Les accusés ____________ (venir / revenir) d'arriver au tribunal.
3. Hier soir, nous ____________ (sortir / partir) du cinéma et nous avons retrouvé mes parents qui nous attendaient devant l'entrée.
4. L'année dernière, la police ____________ (découvrir / souffrir) une arme sur le terroriste.
5. La petite fille ____________ (maintenir / tenir) la main de sa mère dans la rue.
6. Chaque matin, je me réveille quand je ____________ (sentir / se sentir) le café chaud qui m'attend dans la cuisine.
7. Napoléon ____________ (mourir / sortir) en 1821.
8. En général, les fleurs coupées ____________ (devenir / mourir) après quelques jours.
9. Toi et ton frère avez changé! Vous ____________ (devenir / tenir) de vrais athlètes!
10. Où est-ce que vous ____________ (sortir / partir) en vacances chaque été?

Nom ______________________________ Date ____________________

Leçon 4

GRAMMAR 4.3 QUIZ II
Irregular *-ir* verbs

1 Continuez Imaginez le reste de chaque phrase et utilisez la forme conjuguée d'un verbe irrégulier en **-ir** différent pour chaque continuation. (5 x 2 pts. each = 10 pts.)

courir	**offrir**	**tenir**
découvrir	**revenir**	**venir**
dormir	**sentir**	**?**
mourir	**souffrir**	

1. Dans un musée des sciences, …
____
2. Quand Hélène boit trop de café, …
____
3. Quand Didier est tombé de vélo, …
____
4. Mes parents sont sortis à sept heures du soir et …
____
5. Quand tu traverses la rue avec un petit enfant, …
____

2 En hiver En général, que faites-vous en hiver? Et votre entourage? Votre routine change-t-elle? Faites-vous les choses différemment? Et l'hiver dernier? Répondez à ces questions et utilisez des verbes irréguliers en **-ir** dans votre paragraphe. Quelques verbes utiles vous sont suggérés. (10 pts.)

courir	**dormir**	**sentir**
couvrir	**ouvrir**	**sortir**
devenir	**revenir**	**souffrir**

____
____
____
____
____
____
____
____
____

Nom ______________________________ Date ______________

Leçon 4

LESSON TEST

1 Reportage Vous allez entendre un reportage. Écoutez-le attentivement, puis répondez aux questions par des phrases complètes. (6 x 2 pts. = 12 pts.)

1. Pendant combien de temps est-ce que Philippe Norbert va être emprisonné?
____
2. Quel crime a-t-il commis? Qui en est la victime?
____
3. Quand cela s'est-il passé?
____
4. Qu'est-ce que l'avocat a dit pour défendre Philippe Norbert?
____
5. Que pense la victime de la punition?
____
6. Pourquoi est-ce que des militants ont dit qu'il était innocent?
____

2 Trouvez l'intrus Pour chaque liste, indiquez le mot qui ne va pas avec les autres. (8 x 1 pt. = 8 pts.)

1. terrorisme / voleur / sauver / faire du chantage
2. voter / se consacrer / démocratie / élire
3. guerre / croyance / combattre / armée
4. député / droits de l'homme / égalité / liberté
5. gagner / victorieux / défaite / victoire
6. avocat / défendre / cruauté / justice
7. coupable / emprisonner / modéré / criminel
8. drapeau / juré / tribunal / juge

3 Quel verbe? Choisissez un verbe de la liste pour compléter chaque phrase. Utilisez le passé composé, le présent ou l'infinitif selon le contexte. (8 x 1 pt. = 8 pts.)

couvrir	**devenir**	**offrir**	**sortir**
découvrir	**mourir**	**ouvrir**	**souffrir**

1. En hiver, mon père ______________ toujours la piscine.
2. La semaine dernière, Éric et Chloé ______________ des musées de Paris.
3. Aujourd'hui, tante Irène ______________ de la maison vers neuf heures du matin.
4. Vous avez de l'eau? Nous ______________ de soif!
5. Tu peux m'aider? Je n'arrive pas à ______________ cette bouteille.
6. Ma mère me/m' ______________ ce manteau pour mon anniversaire.
7. Les pauvres enfants ______________ beaucoup à cause des allergies.
8. Tu voudrais ______________ avocat après tes études?

Nom ______________________________ Date ______________

4 De cause à effet Employez le plus-que-parfait pour répondre à ces questions. (6 x 2 pts. = 12 pts.)

1. Pourquoi a-t-on emprisonné les activistes? (menacer un juge)
____
2. Pourquoi la députée a-t-elle été déçue du résultat des élections? (tout juste gagner les élections)
____
3. Pourquoi n'as-tu pas pu rentrer à midi? (perdre les clés de la voiture)
____
4. Pourquoi ont-ils laissé leur voiture chez Victor? (tomber en panne devant chez lui)
____
5. Pourquoi avez-vous voté pour M. Jobert? (promettre de combattre le crime)
____
6. Pourquoi sont-ils rentrés si tôt de la fête? (ne pas encore finir leurs devoirs)
____

5 Et avant? Employez le plus-que-parfait pour compléter ces phrases. (6 x 2 pts. = 12 pts.)

1. Avant de partir en vacances l'été dernier, je/j' ______________________________.
2. Avant de venir en classe aujourd'hui, les élèves ______________________________.
3. Avant de sortir avec ses amis, Caroline ______________________________.
4. Avant de voter, les gens ______________________________.
5. Avant de se marier, mes parents ______________________________.
6. Avant d'ouvrir la porte, nous ______________________________.

6 Les loisirs Répondez aux questions par la négative. (6 x 2 pts. = 12 pts.)

1. Qui est venu à la fête avant 19h? (ne... personne)
____
2. Tes cousins sont arrivés? (ne... jamais)
____
3. Qu'est-ce que vous avez fait après la fête, Jean-Luc et toi? (ne... rien)
____
4. Est-ce que Martine joue toujours de la guitare? (ne... plus)
____
5. Est-ce que tu aimes mieux danser ou chanter? (ne... ni... ni…)
____
6. Est-ce que tu as vu mes chaussures? (ne... nulle part)
____

Nom ______________________________ Date ____________________

LECTURE

Travailler avec Liberté Internationale

Vous voulez combattre l'injustice? Vaincre les inégalités? Vous pensez que les droits de l'homme sont importants? Alors, venez rejoindre Liberté Internationale. Liberté est une organisation qui défend la liberté et les droits de l'homme dans le monde entier. On commet beaucoup de crimes contre les individus dans les pays où les lois démocratiques ne sont pas respectées et où règne la dictature. Liberté dénonce ces crimes et défend les victimes.

Réagissez maintenant! Devenez l'un de nos bénévoles (*volunteers*) dès aujourd'hui. Signez nos pétitions ou écrivez aux gouvernements qui ne respectent pas les lois internationales. Grâce au courrier des membres de Liberté, des milliers de prisonniers politiques ont déjà été sauvés. Beaucoup de ces prisonniers ne passent pas devant un tribunal, mais sont emprisonnés à vie sans jamais être jugés. Grâce à vous, leurs conditions de détention s'améliorent. Plusieurs ont déjà été libérés avec l'aide de l'opinion publique internationale.

Campagnes actives. Nous avons toujours besoin de militants pour nos campagnes et nos actions. Contactez-nous si l'un de ces thèmes vous intéresse plus particulièrement.

- les minorités opprimées pour leurs croyances
- la guerre civile et les abus des armées rebelles
- la violence contre les femmes et les enfants
- l'assassinat des juges et des avocats qui combattent le terrorisme
- l'usage de la torture en prison et la cruauté envers (*towards*) les prisonniers

Éducation. Consacrez-vous à la défense des droits de l'homme et à la liberté des individus. La section «Éducation» prépare des dossiers (*files*) d'information à l'usage des professeurs et des enseignants. Nos bénévoles organisent aussi des séances d'information dans les écoles et les universités. Les étudiants sont les bienvenus!

Visitez **www.liberté.fr** pour plus d'information sur notre organisation et pour contacter le groupe de votre région.

1 Compréhension Répondez aux questions par des phrases complètes. (6 x 1 pt. = 6 pts.)

1. Qu'est-ce que Liberté Internationale?

   ____

2. Quelle est la mission de cette organisation?

   ____

3. Que peut-on faire pour l'aider?

   ____

4. Que s'est-il passé grâce au courrier des membres de Liberté Internationale?

   ____

5. De quoi l'organisation a-t-elle besoin?

   ____

6. Quel est le rôle de la section «Éducation»?

   ____

Nom ______________________ Date ______________

2 Et vous? Imaginez que vous désiriez devenir membre de Liberté Internationale. Écrivez une lettre de cinq phrases où vous indiquez la campagne qui vous intéresse et ce que vous voudriez faire. (10 pts.)

RÉDACTION

Racontez l'histoire d'un scandale politique (vrai ou imaginaire). Écrivez au moins dix phrases dans lesquelles vous utilisez le passé composé, le plus-que-parfait et le vocabulaire de la leçon. (20 pts.)

Nom ______________________________ Date ________________

OPTIONAL TESTING SECTIONS

Leçon 4
Court métrage

Écrivez un paragraphe dans lequel vous résumez le court métrage *L'hiver est proche*. Aidez-vous de ces questions: Qui sont les personnages de ce court métrage? Que se passe-t-il sur la photo, et pourquoi? Quel est le dilemme présenté dans le film? Comment se termine le film?

____

____

____

____

____

____

____

Imaginez
Les Antilles

Répondez aux questions par des phrases complètes.

1. Où se sont installés les Français en 1564?

   ____

2. Comment étaient les sociétés de pirates? Donnez des exemples.

   ____

   ____

3. Qu'est-ce que le Tour de la Martinique?

   ____

4. Quelles sont les caractéristiques du carnaval de Guyane?

   ____

   ____

Nom _______________ Date _______________

Galerie de Créateurs

Écrivez quatre phrases pour répondre à ces questions: Qui est la personne sur cette photo? Que veut-elle faire connaître et transmettre? Pourquoi est-elle une artiste moderne et, en même temps, traditionnelle?

____

____

____

____

____

____

____

____

Nom ______________________________ Date ____________________

Leçon 5

VOCABULARY QUIZ I

1 Chassez l'intrus Dans chaque groupe, choisissez l'élément qui ne va pas avec les autres. (7 x 1 pt. each = 7 pts.)

1. a. polyglotte
   b. une langue maternelle
   c. la natalité
2. a. un but
   b. une cause
   c. un objectif
3. a. attirer
   b. dire au revoir
   c. quitter
4. a. l'intégration
   b. non-conformiste
   c. s'adapter
5. a. s'enrichir
   b. le luxe
   c. l'instabilité
6. a. une valeur
   b. un vœu
   c. un rêve
7. a. parvenir à
   b. faire sans
   c. réaliser

2 Logique ou illogique? Décidez si les phrases sont logiques (**L**) ou illogiques (**I**). (7 x 1 pt. each = 7 pts.)

________ 1. Personne ne parle de cette polémique.

________ 2. Une personne conformiste est généralement exclue d'un groupe.

________ 3. On devient meilleur quand on s'améliore.

________ 4. Quand on a le mal du pays, on veut rentrer chez soi (*one's home*).

________ 5. Un pays surpeuplé a peu d'habitants.

________ 6. Si on est flexible, on peut faire sans.

________ 7. Je te déteste et tu me manques.

Nom ____ Date ____________________

3 Contraires Associez chaque terme de la colonne **A** avec son contraire de la colonne **B**.
(6 x 1 pt. each = 6 pts.)

A	**B**
________ 1. appartenir à.	a. l'ordre
________ 2. dire au revoir	b. baisser
________ 3. le chaos	c. attirer
________ 4. une polémique	d. être exclu(e)
________ 5. augmenter	e. faire un effort
________ 6. rejeter	f. un consensus
	g. une frontière
	h. s'établir

Nom ______________________________ Date ____________________

Leçon 5

VOCABULARY QUIZ II

1 Complétez Complétez chaque phrase avec un mot ou une expression de la liste. Faites les changements nécessaires. (8 x 1 pt. each = 8 pts.)

aller de l'avant	avoir le mal du pays	dialogue	patrimoine
appartenir	cause	natalité	polyglotte

1. Quand on voyage dans un autre pays, parfois on ____________ et on veut rentrer à la maison.
2. L'environnement est une ____________ pour laquelle nous devons tous lutter.
3. Quand on échoue (*fail*), il ne faut pas être défaitiste; il faut ____________ pour continuer à progresser.
4. Quand deux personnes se parlent, c'est un ____________.
5. Une personne ____________ parle plusieurs langues.
6. Le taux (*rate*) de ____________ d'un pays indique le nombre moyen d'enfants par femme.
7. L'ensemble des richesses artistiques d'un pays est son ____________ culturel.
8. Ce vélo est mon vélo! Il m' ____________.

2 Définissez Écrivez des phrases complètes pour définir chacun de ces termes. (3 x 2 pts. each = 6 pts.)

1. une langue maternelle ____
____
2. une polémique ____
____
3. un vœu ____
____

3 Changez le monde! Quels sont, selon vous, les défis (*challenges*) majeurs de notre monde actuel? Quelles causes vous semblent essentielles et comment espérez-vous que l'humanité va changer les choses? Écrivez un paragraphe dans lequel vous utilisez le nouveau vocabulaire pour répondre à ces questions. (6 pts.)

____
____
____
____
____
____
____
____

Nom ______________________________ Date ____________________

Leçon 5

GRAMMAR 5.1 QUIZ I
Partitives

1 Choisissez Complétez chaque phrase avec l'article qui convient. (8 x 0.5 pt. each = 4 pts.)

un	une	du	de la	de l'	de	d'	des

1. Il faut ____________ courage pour quitter son pays d'origine.
2. Dans une dictature, il n'y a pas ____________ dialogue social.
3. La diversité est ____________ valeur importante de notre société.
4. ____________ immigrés ont traversé la frontière illégalement.
5. La plupart ____________ personnes qui habitent dans ce pays ont un niveau de vie confortable.
6. Ma mère a peu ____________ incertitudes avant cette élection.
7. Je bois ____________ eau pendant un examen.
8. Luc a ____________ grands espoirs (*hopes*) pour l'humanité.

2 Transformez Combinez les éléments donnés pour écrire des phrases complètes. Ajoutez l'article qui convient et faites les changements nécessaires. (6 x 2 pts. each = 12 pts.)

1. ce vieux meuble / avoir / probablement / valeur / pour un antiquaire (*antique dealer*)
____
2. personne polyglotte / parler / plusieurs / langues
____
3. Julie / mettre / toujours / beurre / dans les pâtes
____
4. tu / ne / jamais / boire / eau
____
5. beaucoup / émigrés / avoir / mal du pays
____
6. en été / il / ne / plus / y / avoir / neige / sur les pistes (*slopes*)
____

3 Continuez Imaginez la fin de chacune de ces phrases. (4 x 1 pt. each = 4 pts.)

1. Au supermarché, j'achète toujours quelques... ______________________.
2. À mon avis, la moitié... ______________________.
3. Dans le placard, il y a une boîte... ______________________.
4. À la cantine, on peut manger... ______________________.

Nom ______________________ Date ______________

Leçon 5

GRAMMAR 5.1 QUIZ II
Partitives

1 Continuez Écrivez une fin pour chacune de ces phrases. (6 x 1 pt. each = 6 pts.)

1. Dans un milkshake, il y a... ______________________.
2. Au supermarché, mes parents achètent plusieurs... ______________________.
3. Dans un parc, il y a... ______________________.
4. J'ai l'impression que la plupart... ______________________.
5. Dans mon frigo, il y a une bouteille... ______________________.
6. À la cantine du lycée, on ne mange pas... ______________________.

2 Répondez Répondez à chaque question à l'aide de partitifs ou d'expressions de quantité, sans chiffre précis. (4 x 2 pts. = 8 pts.)

1. Combien de morceaux (*tracks*) de musique as-tu sur ton lecteur mp3 ou sur ton ordinateur?
____
2. As-tu un avion personnel?
____
3. Quelle quantité de devoirs as-tu par jour?
____
4. Qu'est-ce qu'il y a dans ton plat préféré?
____

3 Nutrition Dans une semaine typique, que mangez-vous? Que buvez-vous? Et au contraire, que ne buvez-vous ou ne mangez-vous pas? Écrivez un paragraphe dans lequel vous parlez de vos habitudes alimentaires (*nutritional*) et utilisez des articles partitifs et des expressions de quantité. (6 pts.)

____
____
____
____
____
____
____
____
____

Nom ______________________ Date ______________

Leçon 5

GRAMMAR 5.2 QUIZ I
The pronouns *y* and *en*

1 Pronoms Indiquez le pronom qui peut remplacer la portion soulignée de chaque phrase. (7 x 1 pt. each = 7 pts.)

lui	leur	y	en

_______ 1. Le français est une des langues officielles <u>en Belgique</u>.

_______ 2. Ce président se moque <u>de la polémique</u>.

_______ 3. Nous réfléchissons <u>à la différence entre l'intégration et l'assimilation.</u>

_______ 4. Elle téléphone <u>à son frère émigré</u>.

_______ 5. Elle a <u>un vœu</u>.

_______ 6. Ils rêvent <u>de s'enrichir.</u>

_______ 7. La mondialisation fait peur <u>aux agriculteurs</u>.

2 Choisissez Déterminez ce que le pronom **y** ou **en** remplace dans chacune de ces phrases. (5 x 1 pt. each = 5 pts.)

1. La situation s'y améliore.
   a. de la natalité b. dans ce pays c. à la surpopulation
2. Le gouvernement en a rejeté l'idée.
   a. d'encourager la natalité b. du pain c. au développement économique
3. Cette rue en a beaucoup.
   a. chez moi b. de boutiques de luxe c. d'attirer la clientèle
4. Elles y réfléchissent.
   a. à leurs amies b. de la maltraitance c. aux problèmes de surpopulation
5. Ces personnes s'en occupent.
   a. en France b. à la frontière c. du patrimoine culturel

3 Remplacez Réécrivez ces phrases en remplaçant la portion soulignée avec le pronom **y** ou **en**. (4 x 2 pts. each = 8 pts.)

1. Vous restez <u>devant la maison</u>.

   ____

2. Aujourd'hui, j'ai deux <u>examens.</u>

   ____

3. Je songe (*am considering*) à aller <u>au restaurant</u> ce week-end.

   ____

4. Ils n'ont pas <u>de courage.</u>

   ____

Nom ______________________________ Date ____________________

Leçon 5

GRAMMAR 5.2 QUIZ II
The pronouns *y* and *en*

1 Remplacez Réécrivez ces phrases en remplaçant la portion soulignée avec le pronom **y** ou **en**.
(4 x 1 pt. each = 4 pts.)

1. Dans la vie, il faut des principes.

   ____

2. Je songe (*am considering*) à aller au restaurant ce week-end.

   ____

3. Ils n'ont pas de courage.

   ____

4. Vous restez devant la maison.

   ____

2 Demandez Formulez la question qui a motivé chaque réponse. (4 x 2 pts. each = 8 pts.)

1. — ______________________________?

   — Oui, nous nous y adaptons.

2. — ______________________________?

   — Non, je n'en ai pas assez.

3. — ______________________________?

   — Oui, ils en reviennent.

4. — ______________________________?

   — Non, elle n'y va pas.

3 À répondre Répondez à ces questions avec des phrases complètes et le pronom **y** et/ou **en**.
(4 x 2 pts. each = 8 pts.)

1. As-tu une voiture?

   ____

2. Vas-tu au match de foot ce week-end?

   ____

3. Y a-t-il du fromage français dans ton frigo?

   ____

4. Penses-tu souvent à ton avenir?

   ____

Nom ______________________________ Date ______________

Leçon 5

GRAMMAR 5.3 QUIZ I
Order of pronouns

1 Pronoms Indiquez le pronom qui peut remplacer la portion soulignée de chaque phrase. (4 x 1 pt. each = 4 pts.)

1. Nous y en mangeons.
   a. des fruits   b. dans la cuisine
2. Je vais la lui donner.
   a. ma nouvelle adresse   b. à ma sœur
3. Nous l'y avons vue.
   a. dans leurs yeux   b. l'incertitude
4. Le professeur le lui explique.
   a. à Luc   b. le problème

2 Remplacez Réécrivez chaque phrase en remplaçant les mots soulignés par le(s) pronom(s) approprié(s). (4 x 2 pts. each = 8 pts.)

1. Tu me donnes la réponse.
   ____
2. J'explique la leçon à mon petit frère.
   ____
3. Nous allons apporter des fleurs à notre amie.
   ____
4. Les gens ont vu les nouvelles à la télévision.
   ____

3 Ordonnez Réécrivez chaque ordre en remplaçant les mots soulignés par le(s) pronom(s) approprié(s). (4 x 2 pts. each = 8 pts.)

1. Prête-moi de l'argent!
   ____
2. Ne va pas à ce concert!
   ____
3. Dis la vérité au directeur!
   ____
4. Donne-nous ton adresse!
   ____

Nom ______________________________ Date ________________

Leçon 5

GRAMMAR 5.3 QUIZ II
Order of pronouns

1 Ordonnez Réécrivez chaque ordre en utilisant tous les pronoms possibles. (4 x 1 pt. each = 4 pts.)

1. N'emprunte pas d'argent à tes parents!

   ____

2. Donne ta nouvelle adresse à tes amis!

   ____

3. Dis-nous la vérité!

   ____

4. Apporte-moi des bonbons!

   ____

2 Demandez Écrivez la question qui a motivé chaque réponse. (4 x 2 pts. each = 8 pts.)

1. —______________________________?
   —Oui, elle m'en parle souvent.

2. —______________________________?
   —Non, je ne ne te l'ai pas prêté.

3. —______________________________?
   —Nous y en voyons rarement.

4. —______________________________?
   —Ils lui en ont offert trois.

3 Répondez Répondez à ces questions avec des phrases complètes et utilisez tous les pronoms possibles. (4 x 2 pts. each = 8 pts.)

1. As-tu fait tes devoirs dans ta chambre hier soir?

   ____

2. Portes-tu des tennis à un mariage?

   ____

3. Est-ce que tes parents te donnent de l'argent chaque mois?

   ____

4. Penses-tu aller à l'université plus tard?

   ____

Nom ______________________________ Date ______________

Leçon 5

LESSON TEST

1 Entretien Vous allez entendre un entretien entre un reporter et un immigré. Écoutez-le attentivement, puis répondez aux questions par des phrases complètes. (6 x 2 pts. = 12 pts.)

1. Quand l'immigré est-il arrivé en France?
____
2. Qui est venu avec lui?
____
3. Pourquoi est-il venu en France?
____
4. Comment est la vie dans son pays d'origine?
____
5. Pourquoi est-ce qu'il appartient à une communauté de gens qui parlent sa langue?
____
6. Qu'est-ce qu'il pense du système éducatif français?
____

2 Contraires Indiquez le contraire de chaque mot ou expression. (5 x 1 pt. = 5 pts.)

_____	1. baisser	a. rejeter
_____	2. prévoir	b. augmenter
_____	3. quitter	c. rester
_____	4. vivre dans le luxe	d. ne pas s'attendre à
_____	5. attirer	e. être défavorisé

3 Synonymes Choisissez le mot ou l'expression qui correspond le mieux à chaque mot de la colonne de gauche. (5 x 1 pt. = 5 pts.)

_____	1. gamin	a. parvenir à
_____	2. enseignement	b. intégration
_____	3. réaliser	c. faire des progrès
_____	4. s'améliorer	d. môme
_____	5. assimilation	e. éducation

Nom ______________________________ Date ______________

4 Quantités Complétez chaque phrase à l'aide d'un partitif ou d'une expression de quantité. Soyez logique! (8 x 1.5 pt. = 12 pts.)

1. N'allons pas dans ce café, il y a trop ______________________.
2. Il me faut une bouteille ______________________.
3. Je peux t'acheter une tasse ______________________?
4. Vous avez soif? Vous prenez ______________________?
5. Tu peux commander ______________________ si tu veux.
6. Les enfants veulent boire ______________________.
7. J'ai envie de manger ______________________ au chocolat.
8. Zut! Je n'ai pas assez ______________________.

5 Y ou en? Répondez aux questions à l'aide des pronoms **y** ou **en.** (6 x 2 pts. = 12 pts.)

1. Habitez-vous toujours chez vos parents?
____
2. Est-ce que vous faites du sport?
____
3. Prenez-vous du café le matin?
____
4. Combien de frères et sœurs avez-vous?
____
5. Est-ce que vous vous intéressez à la politique?
____
6. Êtes vous déjà allé(e) en Haïti?
____

6 Pronoms Réécrivez les phrases et remplacez les parties soulignées par des pronoms. Attention, il y a deux pronoms par phrase. (6 x 2 pts. = 12 pts.)

1. Maurice rencontre <u>ses amis</u> <u>devant l'hôtel de ville</u>.
____
2. Papa a acheté <u>des fleurs</u> <u>à Maman</u>.
____
3. Mon oncle a prêté <u>sa voiture</u> <u>à Sylvie et à moi</u>.
____
4. Madame Bermondy a envoyé <u>des cartes postales de l'Afrique</u> <u>à ses enfants</u>.
____
5. Quand Cyrille va-t-il rendre <u>les CD</u> <u>à ton frère et à toi</u>?
____
6. Dis <u>la vérité</u> <u>à ton ami</u>!
____

Nom ______________________________ Date ______________

LECTURE

Avis sur l'immigration

Trois étudiants donnent leur avis sur l'immigration et parlent de leur expérience personnelle.

BASILE Il y a beaucoup de préjugés sur l'immigration aujourd'hui. Beaucoup pensent que les immigrés appartiennent aux cultures les plus pauvres, qu'ils viennent de pays où la natalité est très élevée, le régime politique instable et la société en plein chaos. Mais dans les faits, beaucoup d'immigrés viennent de pays en voie de développement. Peu d'habitants de certains pays très pauvres choisissent de quitter leur pays. Moi, je pense que l'émigration, c'est aussi un phénomène culturel et un choix personnel.

DAVID Tu as sans doute raison. Moi, ce qui me dérange (*bothers*), c'est l'assimilation systématique de l'immigration avec les problèmes liés à la surpopulation ou à la mondialisation. Quand les gens ont peur de voir leur propre culture disparaître (*disappear*), ils ont le réflexe de rejeter celle des autres. L'incertitude de l'avenir leur fait aussi prédire le pire. Il faut simplement plus de dialogue. La diversité, ça vient aussi du mélange. Fermer ses frontières à tous ceux qui n'ont pas le même patrimoine culturel que soi n'a pas de sens.

MALIKA Moi, mes parents sont immigrés. Ils sont venus s'établir ici pour réaliser leur rêve: donner à leurs enfants une meilleure chance de réussite (*success*) dans la vie. Et ils y sont parvenus! Au début, ils ont dû lutter contre le mal du pays. Mais maintenant, ils ne regrettent pas leur décision. Quand j'étais jeune, mon père avait un travail manuel (*blue-collar*), donc notre niveau de vie était assez modeste, mais nous avons grandi avec de vraies valeurs. Nous avons tous pu faire des études, mes frères, mes sœurs et moi. Mes parents ont fait un gros effort pour s'intégrer. Ils ont appris la langue officielle du pays et n'ont utilisé leur langue maternelle qu'à la maison. L'avantage, c'est que maintenant nous, les enfants, nous sommes tous polyglottes!

1 Compréhension À quel(le) étudiant(e) correspondent ces affirmations? (6 x 1 pt. = 6 pts.)

1. ____ Il/Elle pense que beaucoup d'immigrés viennent de pays en voie de développement.
   a. Basile b. David c. Malika
2. ____ Il/Elle dit qu'ils sont polyglottes dans sa famille.
   a. Basile b. David c. Malika
3. ____ Il/Elle dit que les gens ont parfois le réflexe de rejeter la culture des autres.
   a. Basile b. David c. Malika
4. ____ Ses frères et sœurs ont pu faire des études.
   a. Basile b. David c. Malika
5. ____ Il/Elle pense qu'il ne faut pas fermer ses frontières à ceux qui n'ont pas le même patrimoine culturel.
   a. Basile b. David c. Malika
6. ____ Il/Elle pense que l'émigration est un choix personnel.
   a. Basile b. David c. Malika

Nom ______________________________ Date ______________

2 Et vous? Choisissez une de ces trois personnes et dites si vous êtes d'accord avec elle ou pas. Exprimez votre point de vue en huit phrases. (16 pts.)

RÉDACTION

Prenez position pour ou contre une de ces affirmations.

- L'immigration est bonne pour l'économie d'un pays.
- Il n'est pas nécessaire de connaître la langue officielle d'un pays pour y habiter.

Exprimez votre point de vue en au moins dix phrases, à l'aide des structures et du vocabulaire de la leçon. (20 pts.)

Nom ______________________________ Date ______________

OPTIONAL TESTING SECTIONS

Leçon 5
Court métrage

1. 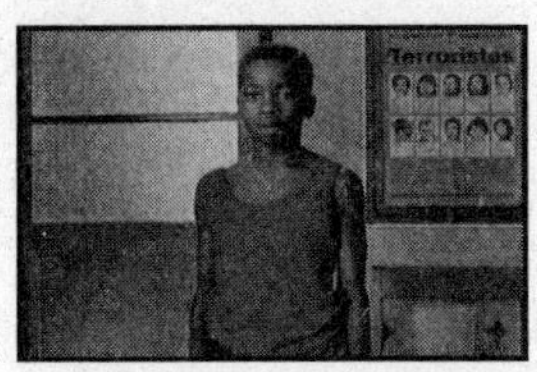

2. 

Ces photographies montrent deux scènes du court métrage *Samb et le commissaire*. Écrivez un paragraphe pour décrire ce qui se passe.

Imaginez
L'Afrique de l'Ouest

1. 

2. 

3. 

Choisissez deux de ces photographies et décrivez ce qu'elles représentent.

1. ______________________________

2. ______________________________

Le Zapping

Écrivez un paragraphe pour décrire le concept des Jeunes Magasins du monde-Oxfam. Où les trouve-t-on? Qu'est-ce qu'on y fait?

Nom ______________________ Date ______________

Leçons 1-5

EXAM

1 La vie d'une animatrice Vous allez entendre une description. Écoutez-la attentivement, puis répondez aux questions par des phrases complètes. (8 x 1 pt. = 8 pts.)

1. Que fait Jocelyne?
____
2. À quelle heure commence son émission?
____
3. Où habite-t-elle?
____
4. À quelle heure se lève-t-elle?
____
5. Qu'est-ce qu'elle pense de son travail?
____
6. Quelles langues parle-t-elle?
____
7. Pourquoi a-t-elle reçu un prix?
____
8. Comment est Jocelyne d'une manière générale?
____

2 Une visite sur la Côte d'Azur Choisissez le bon pronom ou adjectif interrogatif pour compléter chaque question. Attention, s'il faut ajouter une préposition, vous n'avez pas choisi le bon interrogatif! (6 x 1 pt. = 6 pts.)

combien	laquelle	lesquelles	quand	quelle	quels
comment	lequel	lesquels	quel	quelles	quoi

1. ___________ êtes-vous arrivés? Samedi soir?
2. ___________ villes avez-vous visitées?
3. ___________ films est-ce que vous avez vus?
4. Ah oui, vous aimez les dessins animés? ___________?
5. ___________ de vedettes avez-vous vues?
6. ___________ est-ce qu'on obtient des billets pour une première à Cannes?

Nom ______________________________ Date ____________________

3 **Les vacances** Faites des phrases au présent à l'aide des éléments donnés, puis mettez-les dans un ordre logique. (6 x 1 pt. = 6 pts.)

____ 1. acheter / le guide Michelin / une semaine avant de partir / je

____

____ 2. s'ennuyer / jamais / nous / !

____

____ 3. voyager / beaucoup / mes parents et moi, nous

____

____ 4. payer tout / à l'avance / ils

____

____ 5. aller avec eux / dans un pays francophone / chaque année / je

____

____ 6. faire / la veille / nos valises / nous

____

4 **Tous les matins** Réécrivez les phrases avec l'adverbe qui correspond à chaque adjectif. Attention au placement de l'adverbe! (5 x 1 pt. = 5 pts.)

1. Ma mère me réveille. (doux)

____

2. Nous prenons le petit déjeuner ensemble. (quotidien)

____

3. Mon frère lit le journal. (attentif)

____

4. Nous attendons le bus. (patient)

____

5. Les gens parlent dans le bus. (tranquille)

____

5 **Famille et amis** Décrivez votre famille, vos amis et vos professeurs à l'aide de six adjectifs de votre choix. (6 x 1 pt. = 6 pts.)

1. mes parents

____

2. mes professeurs

____

3. les habitants de ma ville

____

4. ma meilleure amie

____

5. mes cousins

____

6. mon frère / ma sœur

____

Nom ____ Date ______________________

6 Aujourd'hui Décrivez ce que vous avez fait ce matin avant de venir en classe. Utilisez au moins cinq verbes réfléchis. (5 x 1 pt. = 5 pts.)

____

____

____

____

____

____

7 Hier soir Mettez les verbes entre parenthèses au passé composé ou à l'imparfait. (12 x 1 pt. = 12 pts.)

Hier soir, je/j' (1) ______________ (faire) la vaisselle quand le téléphone (2) ______________ (sonner). C' (3) ______________ (être) mon ami, Jean-Michel. Il (4) ______________ (vouloir) savoir si je/j' (5) ______________ (pouvoir) aller au cinéma avec lui. D'abord, je/j' (6) ______________ (dire) non. Je lui (7) ______________ (expliquer) que je/j' (8) ______________ (avoir) sommeil. Il (9) ______________ (être) très déçu. Alors, je/j' (10) ______________ (changer) d'avis. Nous y (11) ______________ (aller) et nous (12) ______________ (aimer) le film.

8 Le week-end dernier Racontez ce qui s'est passé le week-end dernier. Écrivez ce que vos amis et vous avez fait. Utilisez au moins deux verbes qui prennent **avoir** et deux qui prennent **être** au passé composé. (6 pts.)

____

____

____

____

____

____

9 Les passe-temps Complétez les mini-dialogues avec des réponses complètes et à l'aide des négations de la liste. Soyez logique! (5 x 1 pt. = 5 pts.)

ne... jamais	**ne... nulle part**	**ne... plus**
ne... ni... ni...	**ne... personne**	

1. —Qui est au téléphone?
   —____
2. —Est-ce qu'ils sont déjà allés en Afrique?
   —____
3. —Tu as trouvé ton passeport?
   —____
4. —Corinne aime-t-elle la plongée ou le camping?
   —____
5. —Vous travaillez toujours à l'agence de voyages?
   —____

Nom ______________________________ Date ____________________

10 Et avant? Employez le plus-que-parfait pour compléter ces phrases. (5 x 1 pt. = 5 pts.)

1. Avant de prendre le petit-déjeuner, je/j' ______________________.
2. Avant ce cours, nous ______________________.
3. Avant de se marier, mes grands-parents ______________________.
4. Avant de gagner les élections, le président ______________________.
5. Avant de prononcer la sentence, le juge ______________________.

11 Au supermarché Vous avez invité des amis à dîner chez vous. Faites une liste de six ingrédients qu'il faut acheter au supermarché. Utilisez les articles et les expressions de quantité de la liste. (6 x 1 pt. = 6 pts.)

de l'	des	assez de	une boîte une	un kilo de
de la	du	beaucoup de	bouteille de	un paquet de

1. ______________________
2. ______________________
3. ______________________
4. ______________________
5. ______________________
6. ______________________

12 Séjours et voyages Répondez aux questions par des phrases complètes. Remplacez les mots soulignés par des pronoms. (6 x 1 pt. = 6 pts.)

1. Quand vous partez en week-end, votre chat reste-t-il à la maison?
   Oui, ______________________
2. Le week-end dernier, vous êtes allés en Provence?
   Oui, ______________________
3. Tu aimes beaucoup tes grands-parents?
   Oui, ______________________
4. Tu as écrit cette lettre à ta grand-mère?
   Oui, ______________________
5. Ce soir, ils attendent leurs amis à l'aéroport?
   Oui, ______________________
6. Pour notre voyage à l'étranger, tu t'occupes des passeports?
   Oui, ______________________

Nom ______________________ Date ______________

LECTURE

Après les vacances

Nina et José se retrouvent au lycée à la fin de l'été et se racontent leurs vacances.

NINA Bonjour José, ça va? Alors, qu'est-ce que tu as fait cet été? Tu t'es bien amusé?

JOSÉ Moi, j'ai réalisé un rêve et je suis parti avec ma famille explorer l'Europe. Finalement, on n'a pas pu tout voir, c'est trop grand, mais on a fait plein de découvertes inattendues et on a rencontré plein de gens intéressants. L'essentiel, c'est que je ne me suis pas ennuyé une seule minute! Bon, parfois, c'était dur, par exemple quand il ne nous restait plus beaucoup de temps pour faire tout ce dont on avait envie. Mais dans l'ensemble, j'ai vécu une expérience inoubliable.

NINA Et comment vous vous êtes déplacés?

JOSÉ Nous avons beaucoup marché et nous avons aussi pris les transports en commun. Nous nous sommes aussi perdus plusieurs fois, comme dans Vienne et en Italie. C'était amusant! Mais assez parlé de moi. Et toi?

NINA J'ai passé un mois génial. Avec Fred, mon frère, nous nous sommes bien reposés. Nous sommes partis à la campagne chez nos grands-parents et nous y avons passé un mois loin de tout et sans stress. On n'a pas ouvert le journal et on n'a pas écouté la radio. Il n'y avait ni télé ni Internet. On est resté sans nouvelles du monde pendant un mois: ça nous a reposés!

JOSÉ Mais alors, tu n'as pas entendu parler de la nouvelle loi sur l'éducation nationale que tous les partis politiques ont approuvée? Tu n'as pas vu le documentaire sur notre lycée! Et le scandale du juge kidnappé? Moi, j'ai tout suivi depuis l'Europe sur Internet!

NINA Alors, c'est toi qui vas me raconter tout ça. Viens, on va boire un café sur la place de l'hôtel de ville.

JOSÉ D'accord, mais prenons ta voiture, car je n'y vais certainement pas à pied!

1 Compréhension Répondez aux questions par des phrases complètes. (6 x 1 pt. = 6 pts.)

1. Qu'est-ce que José a fait cet été?

   ____

2. Que pense José de son expérience dans l'ensemble?

   ____

3. Comment s'est-il déplacé pendant le voyage?

   ____

4. Comment Nina a-t-elle passé l'été?

   ____

5. Qu'est-ce que Nina et Fred n'ont pas fait pendant un mois?

   ____

6. Pourquoi Nina et José décident-ils d'aller sur la place de l'hôtel de ville?

   ____

Nom ______________________________ Date ______________

2 Et vous? Quelles vacances préférez-vous, celles de Nina ou celles de José? Donnez votre point de vue en quatre phrases. (8 pts.)

RÉDACTION

Choisissez un thème de rédaction et écrivez un paragraphe de dix phrases. (10 pts.)

Thème 1: Quelle est votre ville préférée? Pourquoi? Décrivez votre ville préférée et dites ce qu'il y a à faire et à voir.

Thème 2: Quels sont les problèmes sociaux les plus importants de votre ville ou de votre région? À votre avis, qu'est-ce qu'il faut faire pour les résoudre?

Thème 3: Comment est l'ami(e) idéal(e)? Qu'est-ce qu'il/elle fait souvent? Qu'est-ce qu'il/elle ne fait jamais?

Leçon 6

Nom ______________________________ Date ______________

Leçon 6

VOCABULARY QUIZ I

1 Définitions Associez chaque mot avec la bonne définition. (5 x 1 pt. each = 5 pts.)

	A	B
______	1. un ménage	a. un enfant sans parents
______	2. un proche	b. l'ensemble des occupants d'une résidence
______	3. un père célibataire	c. un parent ou un(e) bon(ne) ami(e)
______	4. un compagnon	d. un papa qui n'est pas marié
______	5. un orphelin	e. un partenaire, un camarade

2 Comparaisons Utilisez les mots de la liste pour compléter les phrases. Faites les accords nécessaires. (5 x 2 pts. each = 10 pts.)

élever
naissance
punir
rebelle
ressembler
stricte

1. Véronique est une enfant assez soumise, mais sa petite sœur est une vraie ______________!
2. Moi, je ne gronde jamais mes enfants, mais leur mère les ______________ de temps en temps.
3. Tu as hérité des yeux de papa, mais nous, on ______________ plus à maman.
4. Les parents ______________ les enfants, et les grands-parents les gâtent.
5. Notre père est autoritaire, mais heureusement, maman n'est pas trop ______________.

3 En famille Utilisez le nouveau vocabulaire pour compléter les phrases. (5 x 1 pt. each = 5 pts.)

1. Malika ne veut ni frère ni sœur, elle veut rester ______________ pour toujours.
2. Le fils de mon frère, mon ______________ Franck, va devenir médecin.
3. Robert déteste qu'on l'appelle Bébert. Il faut qu'on lui trouve un autre ______________.
4. Là, c'est le papa de ton grand-père. C'est ton ______________ Jean-Louis.
5. Ahmed a un frère ______________, né le même jour, mais qui ne lui ressemble pas du tout.

Nom ____ Date _____________________

Leçon 6

VOCABULARY QUIZ II

1 Le bon choix Choisissez le bon mot pour compléter chaque phrase. (5 x 1 pt. each = 5 pts.)

1. Maman demande beaucoup de nous; elle est assez _____________ (exigeante / permissive).
2. C'est le rôle des parents de/d'_____________ (hériter / élever) les enfants.
3. Soyez polis et _____________ (remerciez / gâtez) la dame maintenant.
4. Quand on est _____________ (désolé/ égoïste), on ne pense qu'à soi.
5. Avec l'amour de sa famille, on peut _____________ (survivre / ressembler) à tout.

2 Définissez Écrivez une phrase complète pour expliquer ou illustrer chaque terme. (5 x 2 pts. each = 10 pts.)

1. la patrie ____
2. les racines ____
3. la maturité ____
4. l'amour-propre ____
5. le caractère ____

3 Une famille célèbre Écrivez un paragraphe sur une famille célèbre, réelle comme la famille du président, ou imaginaire, comme *Les Simpson*. Utilisez le nouveau vocabulaire pour décrire la personnalité de chaque membre et leur vie familiale. (5 pts.)

Nom ______________________________ Date ______________

Leçon 6

GRAMMAR 6.1 QUIZ I
The subjunctive: impersonal expressions; will, opinion, and emotion

1 Les rapports Dites si, **Oui** ou **Non**, ces phrases ont un verbe au subjonctif. (4 x 1 pt. each = 4 pts.)

________ 1. Je préfère qu'ils rendent visite à leur grand-oncle.

________ 2. Nous espérons que tu respectes tes parents.

________ 3. Il faut que Jérôme remercie son grand-père.

________ 4. Il est dommage qu'ils gâtent leurs petits-enfants.

2 Dîner en famille Conjuguez les verbes entre parenthèses au subjonctif pour compléter les phrases. (4 x 2 pts. each = 8 pts.)

1. Il faut que je ______________ (prendre) des fleurs chez le fleuriste.
2. Je veux que tu ______________ (faire) connaissance de ma famille.
3. Je propose qu'Almaric ______________ (aller) avec nous.
4. Il est dommage que vous ne ______________ (pouvoir) pas être des nôtres (*with us*).

3 Tatie Grognon Tatie Grognon n'est jamais contente. Utilisez les éléments donnés et le subjonctif pour écrire les phrases. (4 x 2 pts. each = 8 pts.)

Modèle

Hélène et Jasmine ne respectent pas assez leurs parents. (Il est malheureux que...)

Il est malheureux qu'Hélène et Jasmine ne respectent pas assez leurs parents.

1. Vous grondez Vincent pour rien. (Il n'est pas bon que...)

____

____

2. Tu es trop autoritaire. (J'ai peur que...)

____

____

3. Vous ne voulez pas venir me voir plus souvent. (Je suis fâchée que...)

____

____

4. Ces enfants n'ont pas assez de caractère. (Je regrette que...)

____

____

Nom ____ Date ______________________

Leçon 6

GRAMMAR 6.1 QUIZ II
The subjunctive: impersonal expressions; will, opinion, and emotion

1 Les platitudes René dit beaucoup de choses évidentes. Utilisez le subjonctif des verbes entre parenthèses pour compléter ses déclarations. (8 x 1 pt. each = 8 pts.)

1. Il est bon que la jeunesse ______________ (croire) en quelque chose.
2. Il faut que les membres d'une même famille ______________ (pouvoir) se comprendre.
3. En général, on préfère que les jeunes ______________ (être) bien élevés.
4. Les parents exigent souvent que leurs enfants les ______________ (respecter).
5. Il est essentiel que les gens ______________ (avoir) de l'amour-propre.
6. Il est dommage que certains parents ______________ (ne pas savoir) parler à leurs enfants.
7. Il vaut mieux que nous ______________ (apprendre) à vivre tous ensemble.
8. Je suis étonné que certains ______________ (ne pas vouloir) connaître leurs racines.

2 Dans ma famille Finissez les phrases pour décrire votre vie familiale ou pour donner votre opinion sur les membres de votre famille. (6 x 2 pts. = 12 pts.)

1. Ma mère/Mon père exige que je...
   ____
   ____
2. Dans ma famille, il est essentiel que les enfants...
   ____
   ____
3. Je suis content(e) que, dans ma famille, on...
   ____
   ____
4. Mes parents souhaitent que je...
   ____
   ____
5. Dans ma famille, on est fier que...
   ____
   ____
6. Je préfère que mon caractère...
   ____
   ____

Nom ____ Date ____________________

Leçon 6

GRAMMAR 6.2 QUIZ I
Demonstrative pronouns

1 On parle comme ça Utilisez une forme de **ce** ou **ça** pour compléter ces dialogues en français parlé. (4 x 1 pt. each = 4 pts.)

1. —Ces jumeaux sont très différents.
   —Oui, ______________ est amusant.
2. —Qui sont les petits qui courent partout?
   —______________ sont mes jeunes neveux.
3. —Tu veux aller au parc ou à la piscine?
   —______________ n'a pas d'importance.
4. —C'est ton frère là-bas?
   —Non, ______________ ressemble plutôt à mon cousin.

2 À l'aire de jeu (*playground*) Utilisez des formes de **celui-ci** et **celui-là** pour compléter les questions. (4 x 2 pts. each = 8 pts.)

1. Quelle mère est la plus stricte? ______________ ou ______________?
2. Quels parents sont les plus autoritaires? ______________ ou ______________?
3. Quel père est le plus exigeant? ______________ ou ______________?
4. Quelles filles sont les plus rebelles? ______________ ou ______________?

3 Des nouvelles Deux anciens copains de lycée, Bruno et Rémi, se revoient par hasard. Complétez leur conversation avec les bons pronoms démonstratifs. (8 x 1 pt. each = 8 pts.)

BRUNO Mes parents et moi avons déménagé. Nous habitons maintenant dans le quartier Saint-François, tu sais (1) ______________ où j'allais rendre visite à ma grand-mère?

RÉMI Oui, je me souviens.

BRUNO Et comment va ta sœur?

RÉMI Laquelle? (2) ______________ qui vit à Paris?

BRUNO Non, (3) ______________ qui était au même lycée que nous.

RÉMI Ah, Sandrine. Elle va bien. Je viens d'hériter de sa voiture.

BRUNO (4) ______________ que tu détestais parce qu'elle était jaune? Tu en as de la chance! Au fait, j'ai des nouvelles de nos anciens copains.

RÉMI (5) ______________ du foot?

BRUNO Oui. Tu te souviens de Petit François? (6) ______________ qui était assez doué. Et bien, il est passé professionnel à Lyon.

RÉMI Ah c'est bien! Et les jumeaux? (7) ______________ qui jouaient toujours ensemble?

BRUNO Ils sont dans des équipes différentes maintenant, (8) ______________ de la ville et de la fac.

RÉMI Ah c'est drôle. Moi, j'ai juste arrêté. Je fais du tennis maintenant.

Nom ______________________________ Date ______________

Leçon 6

GRAMMAR 6.2 QUIZ II
Demonstrative pronouns

1 Ne répétons pas Pour éviter les répétitions, indiquez quels pronoms démonstratifs peuvent remplacer les mots soulignés. (5 x 2 pts. each = 10 pts.)

1. Il n'y a pas de haricots verts aujourd'hui, ni les haricots verts que je prends d'habitude ni les haricots verts de Provence.

   ______________ ... ______________

2. Cette viande a l'air meilleure que la viande du boucher ou que la viande que j'ai vue hier au supermarché.

   ______________ ... ______________

3. La fromagerie Bertin n'a pas autant de fromages que le supermarché, mais les fromages qu'elle a sont meilleurs. Les fromages du supermarché n'ont pas de goût.

   ______________ ... ______________

4. Ce poisson vient d'Irlande. Ce poisson-ci vient d'Écosse et ce poisson-là vient du Pacifique.

   ______________ ... ______________

5. Je vais mettre les fruits pour la recette de ce soir ici, et les fruits pour la tarte de demain dans le frigo. Où est le kiwi qu'il restait de la dernière fois?

   ______________ ... ______________

2 En famille Utilisez les bons pronoms démonstratifs pour compéter les phrases. (5 x 1 pt. each = 5 pts.)

1. Cette photo-ci des jumelles est meilleure que ______________.
2. De tous mes petits-enfants, seuls ______________ qui sont sages vont avoir un goûter!
3. Mon surnom est ridicule, mais ______________ de mon grand frère est complètement embarrassant.
4. Les racines familiales de mon père sont grecques. ______________ de ma mère sont suisses.
5. ______________ qui sont punis n'ont pas droit au dessert.

3 Opinion À votre avis, le fossé des générations existe-t-il vraiment? Comparez la génération de vos grands-parents à votre propre génération. Utilisez des pronoms démonstratifs dans votre paragraphe. (5 pts.)

____

____

____

____

____

____

____

Nom ____ Date ______________________

Leçon 6

GRAMMAR 6.3 QUIZ I
Irregular *-re* verbs

1 En famille Raymond passe tout son temps en famille à discuter. Conjuguez les verbes entre parenthèses pour compléter ses phrases. (6 x 2 pts. each = 12 pts.)

1. Je ne ______________ (boire) jamais de coca, et vous, vous en (boire) beaucoup?
2. Tu ne ______________ (croire) plus au Père Noël depuis longtemps, mais les petits y ______________ (croire) encore.
3. Qu'est-ce que vous ______________ (dire)? Ah, il ______________ (dire) qu'il n'a plus faim.
4. Je ______________ (craindre) beaucoup le froid, mais mes sœurs ne le ______________ (craindre) pas du tout.
5. Carine ______________ (lire) son roman dans la cuisine et les autres ______________ (lire) au salon.
6. Je ne ______________ (se plaindre) jamais, mais il y a beaucoup de gens qui ______________ (se plaindre) constamment.

2 Après l'école Juliette raconte ce que Valentine et elle ont fait après l'école. Conjuguez les verbes entre parenthèses au passé composé pour compléter son histoire. (4 x 1 pt. each = 4 pts.)

1. On ______________ (boire) un soda et on a un peu regardé la télé.
2. Valentine ______________ (écrire) des messages à son copain Ahmed.
3. J' ______________ (suivre) toute leur conversation.
4. Puis, nous ______________ (se mettre) à faire nos devoirs.

3 Un souvenir Patrick raconte un bon souvenir avec sa sœur Marion. Conjuguez les verbes entre parenthèses à l'imparfait pour compléter son histoire. (4 x 1 pt. each = 4 pts.)

Nous (1) ______________ (prendre) la voiture de sport de papa et je (2) ______________ (conduire) lentement dans tout le quartier. Quand quelqu'un de l'école nous (3) ______________ (reconnaître) avec surprise, Marion et moi, nous (4) ______________ (rire) beaucoup!

Nom ______________________________ Date ____________________

Leçon 6

GRAMMAR 6.3 QUIZ II
Irregular *-re* verbs

1 Un petit drame Conjuguez les verbes entre parenthèses au présent pour compléter l'histoire. (6 x 1 pt. each = 6 pts.)

Les enfants (1) ____________ (lire) gentiment tous ensemble au salon. Tout à coup, Henri et Lionel (2) ____________ (prendre) le livre de Joseph. Joseph (3) ____________ (se mettre) à pleurer. Puis, il va dans la cuisine et (4) ____________ (se plaindre) à son père. Quand Joseph (5) ____________ (dire) à son père ce qui s'est passé, Henri et Lionel (6) ____________ (craindre) très fort de se faire gronder.

2 En ville Maman se souvient de quand elle allait en ville avec ses jumelles. Conjuguez les verbes entre parenthèses à l'imparfait pour compléter sa description. (4 x 1 pt. each = 4 pts.)

Quand je vous emmenais, Lili et toi, vous (1) ____________ (sourire) beaucoup aux gens et vous (2) ____________ (se plaindre) très rarement. Vous me (3) ____________ (suivre) partout et vous (4) ____________ (connaître) tous les commerçants.

3 La voiture Est-ce que vos parents sont d'accord pour vous laisser conduire une voiture? Si non, pourquoi? Si oui, à quelles conditions? Répondez à ces questions et utilisez des verbes irréguliers en **-re**. Quelques verbes utiles vous sont suggérés. (10 pts.)

admettre	**promettre**
conduire	**reconnaître**
craindre	**réduire**
prendre	**se plaindre**
permettre	**suivre**

____

____

____

____

____

____

____

____

____

Nom ______________________________ Date ______________

Leçon 6

LESSON TEST

1 Un repas en famille Vous allez entendre le monologue d'une femme, Caroline, qui a invité sa famille à dîner. Écoutez-le attentivement, puis répondez aux questions par des phrases complètes. (5 x 2 pts. = 10 pts.)

1. Pourquoi est-ce que Caroline a invité sa famille à dîner chez elle?
____
2. Comment est sa belle-mère depuis la mort de son père?
____
3. Caroline et son frère Robert ont-ils de bons rapports entre eux?
____
4. Comment sont la femme et les enfants de Robert, Michel et Christophe?
____
5. Comment est le grand-oncle Louis?
____

2 Définitions Choisissez l'expression qui correspond le mieux à chaque mot de la colonne de gauche. (8 x 1 pt. = 8 pts.)

_____	1. un époux	a. une sorte de bague
_____	2. un beau-fils	b. commencer
_____	3. un neveu	c. un couple avec un enfant d'une autre union
_____	4. un proche	d. un mari
_____	5. une alliance	e. l'enfant de mon frère
_____	6. débuter	f. une sœur avec qui on partage l'anniversaire
_____	7. une jumelle	g. l'enfant de mon époux
_____	8. une famille recomposée	h. un parent ou un(e) ami(e)

3 À relier Reliez les éléments de chaque colonne pour former des phrases. (8 x 1 pt. each = 8 pts.)

_____	1. Il est dommage que tu...	a. viendra nous voir.
_____	2. Je propose qu'elle...	b. ne sachiez pas la réponse.
_____	3. Nous espérons qu'il...	c. ne puisses pas aller avec nous.
_____	4. Il est étonnant que vous...	d. ayons de la patience.
_____	5. Tu recommandes que je...	e. finissent leur leçon.
_____	6. Il est bon que nous...	f. prenne le bus.
_____	7. Il faut qu'ils...	g. leur rende visite?
_____	8. Maman nous demande de...	h. rentrer tôt.

Nom ______________________________ Date ______________

4 Pronoms Choisissez le bon pronom démonstratif pour compléter ces phrases. (6 x 1 pt. = 6 pts.)

1. —Quel pays as-tu visité le mois dernier?
   —____________ où mon grand-père habite.
2. —Quelle photo vas-tu envoyer?
   —____________ que ma belle-mère a prise.
3. —Quels vols allons-nous prendre, à Noël?
   —____________ qui sont les moins chers.
4. —Où sont vos valises?
   — J'ai ma valise ici. ____________de ma sœur sont à la cave.
5. —Quelle agence de voyage est-ce que tu préfères?
   —____________ qui est au coin de la rue.
6. —On va à ce supermarché?
   —Non, on va à ____________ qui est en face de la gare.

a. celui
b. celle
c. ceux
d. celles

5 À l'impératif Choisissez un verbe de la liste pour compléter ces phrases. Utilisez le présent ou l'impératif. (6 x 2 pts. = 12 pts.)

conduire connaître écrire prendre rire suivre

1. Je/J' ____________ une lettre à mon grand-père, ce soir.
2. Est-ce que ton frère et toi, vous ____________ mes cousins?
3. Mon beau-frère ____________ mal. Il a embouti deux fois la voiture!
4. Je te dis que ce n'est pas drôle! Ne ____________ pas!
5. Nous ____________ les nouvelles pour savoir le temps qu'il fera demain.
6. Comme nous voulons y arriver rapidement, ____________ un vol direct!

6 À vous! Créez six phrases à l'aide des éléments des trois colonnes. Ajoutez les éléments nécessaires. (6 x 2 pts. = 12 pts.)

A	B	C
je	apprendre	français
mes amis et moi	boire	en Amérique
un(e) ami(e)	croire	cela
mon arrière-grand-père	dire	service
mes parents	naître	coca
mon/ma meilleur(e) ami(e)	prendre	volaille

1. ________________________________
2. ________________________________
3. ________________________________
4. ________________________________
5. ________________________________
6. ________________________________

Nom ______________________________ Date ______________

LECTURE

Noël en famille

Chaque Noël, Michel retourne voir sa famille en Provence. C'est là qu'il a passé toutes ses vacances et qu'il a ses meilleurs souvenirs d'enfance. Sa grand-mère est depuis toujours le vrai chef de famille. C'est elle qui prépare le repas traditionnel avec les grands-tantes, pendant que les petits-enfants aident à décorer la maison. Michel est fils unique. Sa famille est unie, et il est très proche de ses cousins, surtout de Victoire qui lui ressemble beaucoup. Stéphane et Franck, les jumeaux, sont de petits rebelles depuis leur naissance et ont beaucoup de caractère. Leur grand-mère les gâte tous beaucoup trop, disent les parents.

Michel regrette de ne pas passer plus de temps avec son grand-père qui adore réparer des horloges (*clocks*) dans son atelier (*workshop*). Ses grands-parents n'ont jamais déménagé, et leur maison familiale est pleine de trésors dont ils ont hérité et de souvenirs des générations passées. C'est là où tous leurs enfants ont grandi. Une fois, Michel se souvient qu'il jouait dans le grenier (*attic*) avec les jumeaux et qu'ils ont fait tomber par accident un buste en marbre (*marble*) que leur arrière-grand-père lui-même avait sculpté. Le buste s'est cassé et tout le monde était désolé. On a grondé les enfants, mais personne n'a eu le courage de les punir.

Noël est une grande fête où les trois générations passent un bon moment ensemble. Michel a de bons rapports avec tous les membres de la famille, même s'il trouve que son oncle Pierre-Henri est trop autoritaire et que sa tante est parfois insupportable. Il respecte surtout ses grands-parents qui ont su surmonter bien des problèmes et transmettre (*to pass on*) à leurs enfants et petits-enfants l'amour de leurs racines provençales.

1 Compréhension Répondez aux questions par des phrases complètes. (6 x 2 pts. = 12 pts.)

1. Où habite la famille de Michel?

   ____

2. Qui sont Victoire, Stéphane et Franck?

   ____

3. Quelle est l'occupation préférée du grand-père de Michel?

   ____

4. Qu'est-ce que l'arrière-grand-père de Michel avait fait?

   ____

5. Qu'est-ce qui s'est passé dans le grenier quand Michel était plus jeune?

   ____

6. Que pense Michel de son oncle Pierre-Henri et de sa tante?

   ____

Nom ______________________________ Date ______________

2 Et vous? Est-ce qu'un jour, des gens que vous connaissez se sont réunis pour un mariage ou pour la naissance d'un bébé, par exemple? Racontez cette réunion. Qui était là? Que s'est-il passé? Écrivez six phrases à l'aide du vocabulaire de la leçon. (12 pts.)

RÉDACTION

Comment est votre famille? Qu'est-ce que vous faites quand vous êtes tous ensemble? Décrivez en dix phrases les membres de votre famille et les rapports qu'ils ont entre eux. Si vous préférez, vous pouvez également décrire une famille que vous connaissez au lieu de votre propre famille. (20 pts.)

Nom ______________________________ Date ______________

OPTIONAL TESTING SECTIONS

Leçon 6
Court métrage

Dans *De l'autre côté*, Samir n'est pas content de la façon dont l'employé administratif traite son père. Imaginez que Samir ait pris le téléphone et ait parlé à l'employé. Écrivez un dialogue entre les deux personnages.

____

____

____

____

____

____

____

____

Imaginez
L'Afrique du Nord et le Liban

Vous revenez d'un voyage en Afrique du Nord et au Liban. Inspirez-vous de la section **Imaginez** pour décrire ce que vous avez fait, les lieux que vous avez visités et les personnes que vous avez rencontrées.

____

____

____

____

____

____

Nom ______________________________ Date ____________________

Galerie de Créateurs

Écrivez quatre phrases pour répondre à ces questions: Qui est la personne sur cette photo? Comment a-t-il commencé sa carrière? Pourquoi le considère-t-on comme un innovateur? Comment donne-t-il plus de pouvoir (*power*) aux femmes?

____

____

____

____

____

____

Nom ______________________________ Date ____________________

Leçon 7

VOCABULARY QUIZ I

1 Qui fait quoi? Associez chaque objet avec son action. (4 x 1 pt. each = 4 pts.)

	A	B
________	1. Il trouve les sites Internet.	a. L'adresse e-mail
________	2. Elle permet de recevoir des e-mails.	b. L'ADN
________	3. Il contient l'information génétique.	c. La puce
________	4. Elle a des fonctions électroniques.	d. Le moteur de recherche

2 Les synonymes Choisissez le meilleur synonyme. (4 x 1 pt. each = 4 pts.)

1. capital
   a. important   b. éthique   c. spécialisé
2. pseudo
   a. surnom   b. internaute   c. gravité
3. explorer
   a. contribuer   b. découvrir   c. atterrir
4. mathématicien
   a. extraterrestre   b. biologiste   c. scientifique

3 Sans les mots Reconstituez les phrases avec les mots donnés. (12 x 1 pt. each = 12 pts.)

astronome	**expériences**	**prouver**
atterrit	**explorer**	**scientifiques**
espace	**extraterrestre**	**télescope**
étoiles	**ovni**	**théories**

—Un (1) __________ observe l' (2) __________ et les (3) __________ avec son (4) __________.

—Un (5) __________ (6) __________ sur Terre dans son (7) __________ pour (8) __________ notre planète.

—Les (9) __________ aident à (10) __________ les (11) __________ des (12) __________.

Nom ____ Date ______________________

Leçon 7

VOCABULARY QUIZ II

1 La technologie Utilisez le nouveau vocabulaire pour compléter les phrases. (5 x 1 pt. each = 5 pts.)

1. J'utilise un ______________ secret pour protéger mon ordinateur et mon portable.
2. Nous ______________ beaucoup de documents sur le site du cours.
3. Pour trouver toutes les erreurs, Sylvain utilise le ______________, puis il relit son texte.
4. Quand on lit son e-mail, on ______________ certains messages sans les ouvrir.
5. J'ulitise le ______________ pour chercher les sites web.

2 Définissez Écrivez une phrase complète pour expliquer ou illustrer chaque terme. (5 x 2 pts. each = 10 pts.)

1. la génétique ____
____
2. une cellule ____
____
3. une étoile ____
____
4. un astronaute ____
____
5. un outil ____
____

3 Les scientifiques Écrivez un paragraphe sur des scientifiques que vous connaissez personnellement, ou sur quelques scientifiques célèbres, comme Albert Einstein. Qu'est-ce que ces scientifiques étudient? Est-ce qu'ils font de la recherche ou un autre travail? Utilisez le nouveau vocabulaire pour répondre à ces questions. (5 pts.)

____
____
____
____
____
____
____
____
____
____

Nom ______________________________ Date ______________

Leçon 7

GRAMMAR 7.1 QUIZ I
The comparative and superlative of adjectives and adverbs

1 En science Complétez les phrases avec les comparatifs indiqués entre parenthèses. (5 x 2 pts. each = 10 pts.)

Modèle

(+ intéressant) Cette expérience est ***plus intéressante que*** l'autre.

1. (= important) Prouver des théories est ______________________ en inventer.
2. (+ petit) L'ADN est ______________________ nos cellules.
3. (- nombreux) Dans la recherche, les mathématiciennes sont ______________________ les mathématiciens.
4. (+ longtemps) Les télescopes existent depuis ______________________ les ordinateurs.
5. (- capital) Certaines découvertes sont ______________________ d'autres.

2 Les scientifiques Composez des phrases avec les éléments donnés et des superlatifs. Faites tous les changements nécessaires. (5 x 2 pts. each = 10 pts.)

Modèle

Nos chercheurs sont / + + spécialisé / l'université

Nos chercheurs sont les plus spécialisés de l'université.

1. Marianne est / + + jeune / biologiste / sa génération

____

____

2. Ces ingénieurs sont / – – brillant / leur profession

____

____

3. Mon invention est / + + mauvais / toutes

____

____

4. Audrey est celle qui travaille / – – rapidement

____

____

5. Philippe est / + + bon / chercheur / son équipe

____

____

Nom ______________________________ Date ______________

Leçon 7

GRAMMAR QUIZ II
The comparative and superlative of adjectives and adverbs

1 Les sciences Complétez les phrases pour faire des comparatifs (+, -, =) ou des superlatifs (+ +, - -). (5 x 2 pts. each = 10 pts.)

1. Sa théorie est ____________ (– –) probable, mais ____________ (+ +) originale de toutes les théories modernes.
2. Aujourd'hui, les ordinateurs sont ____________ (+) puissants et ____________ (-) gros qu'avant.
3. C'est la solution ____________ (+ +) éthique et ____________ (– –) chère.
4. Comme ça, on peut le soigner ____________ (+) rapidement et ____________ (=) efficacement.
5. Les outils ____________ (+ +) compliqués sont aussi ____________ (+ +) puissants.

2 La technologie Écrivez une phrase complète pour comparer ces objets entre eux. Utilisez votre imagination. (5 x 2 pts. = 10 pts.)

1. mon téléphone portable / le portable de mes amis

   ____

   ____

2. mon ordinateur / l'ordinateur de la bibliothèque

   ____

   ____

3. l'informatique aux États-Unis / l'informatique en France

   ____

   ____

4. les appareils photo numériques / les appareils photo classiques

   ____

   ____

5. le cyberespace d'aujourd'hui / le cyberespace dans 20 ans

   ____

   ____

Nom ______________________________ Date ______________

Leçon 7

GRAMMAR 7.2 QUIZ I
The *futur simple*

1 **Futuriste** Roland a une vision très personnelle de l'avenir. Conjuguez les verbes entre parenthèses au futur pour compléter sa description. (5 x 1 pt. each = 5 pts.)

D'ici 15 ans, on (1) ___________ (inventer) un vaccin contre le cancer et nous (2) ___________ (soigner) le rhume avec de simples aliments. Les chercheurs (3) ___________ (essayer) aussi d'améliorer notre vie quotidienne. Tout le monde (4) ___________ (porter) une puce. Moi, je (5) ___________ (prouver) que les extraterrestres existent.

2 **Le monde scientifique** Conjuguez les verbes entre parenthèses au futur pour compléter les phrases. (10 x 1 pt. each = 10 pts.)

1. Ce soir, il ___________ (pleuvoir) des étoiles.
2. Les biochimistes ___________ (envoyer) leurs résultats au journal en mars.
3. Mes collègues et moi, nous ___________ (refaire) l'expérience bientôt.
4. Il ___________ (falloir) étudier ce gène en priorité.
5. Les cellules ___________ (ne pas mourir) tout de suite.
6. Tu ___________ (venir) visiter notre laboratoire?
7. Le monde scientifique ___________ (savoir) bientôt si cette théorie est correcte.
8. Le professeur Paulin et son équipe ___________ (voir) mon invention en premier.
9. Nous ___________ (tenir) cette découverte à la disposition de la communauté scientifique.
10. Je ___________ (ne pas pouvoir) collaborer avec vous sur ce projet.

3 **Au futur?** Conjuguez les verbes entre parenthèses au temps correct pour compléter les phrases. (5 x 1 pt. each = 5 pts.)

1. Tant qu'on le ___________ (pouvoir), on explorera l'espace.
2. Aussitôt que nous ___________ (recevoir) le brevet, nous publierons notre recherche.
3. Quand tu ___________ (vouloir) sauvegarder tes fichiers demain, mets-les sur une clé USB.
4. Si je trouve la solution, je vous ___________ (envoyer) un e-mail.
5. On trouvera de la vie extraterrestre dès qu'on ___________ (aller) hors du système solaire.

Nom ______________________ Date ______________

Leçon 7

GRAMMAR 7.2 QUIZ II
The *futur simple*

1 La technologie Conjuguez les verbes entre parenthèses au futur pour compléter les phrases. (5 x 1 pt. each = 5 pts.)

1. On ____________ (finir) notre nouveau moteur de recherche bientôt.
2. Nous ____________ (changer) de mot de passe régulièrement.
3. Je ____________ (prendre) mon portable au cas où tu as besoin de m'appeler.
4. Tu nous ____________ (télécharger) les documents dont on a besoin?
5. Ils ____________ (employer) leur ordinateur portable pour enregistrer les résultats.

2 Pessimiste Arnaud a une vision particulière du futur. Conjuguez les verbes entre parenthèses au futur pour compléter sa description. (5 x 1 pt. each = 5 pts.)

1. Vous ____________ (ne jamais envoyer) des hommes sur Mars.
2. Bientôt, cloner ____________ (ne plus être) contraire à l'éthique.
3. Les progrès en médecine ____________ (venir) tous de la biochimie.
4. Dans dix ans, nous ____________ (avoir) trop de scientifiques spécialisés.
5. On ____________ (pouvoir) modifier nos gènes pour changer notre couleur de cheveux.

3 Dès que... Utilisez votre imagination pour finir les phrases. (5 x 2 pts. each = 10 pts.)

1. Tant que mes parents seront trop curieux, je... ______________________
2. Dès que j'aurai un nouveau portable, ... ______________________
3. Quand j'aurai un peu d'argent de poche, ... ______________________
4. Aussitôt que j'aurai dix-huit ans, ... ______________________
5. Si je rencontre un astronaute un jour, ... ______________________

Nom ____ Date ______________________

Leçon 7

GRAMMAR 7.3 QUIZ I

The subjunctive with expressions of doubt and conjunctions; the past subjunctive

1 Au laboratoire Conjuguez les verbes entre parenthèses pour compléter les phrases. (8 x 1 pt. each = 8 pts.)

1. En tant que spécialiste, je doute qu'on ____________ (inventer) un jour une meilleure solution.
2. Il semble que nous ____________ (savoir) soigner cette maladie mieux que les autres.
3. Pensez-vous que ces cellules ____________ (être) saines?
4. Il se peut que leurs biologistes ____________ (créer) une nouvelle expérience bientôt.
5. Personne n'espère que tu ____________ (réussir) dans ta recherche.
6. Il est peu probable que notre équipe ____________ (faire) une découverte capitale rapidement.
7. Nous ne sommes pas sûrs qu'ils ____________ (suivre) le bon protocole.
8. Il est impossible que vous ____________ (avoir) raison!

2 L'espace Conjuguez les verbes entre parenthèses pour compléter les phrases. (8 x 1 pt. each = 8 pts.)

1. Pourvu que tout ____________ (se passer) bien, nous atterrirons le 29.
2. Je finis mes observations de peur que cette étoile ne ____________ (mourir) bientôt.
3. Sors le télescope une bonne heure avant de commencer, pour qu'il ____________ (se mettre) à température.
4. Il faudra faire beaucoup de progrès avant qu'on ____________ (pouvoir) envoyer un astronaute sur Mars.
5. Le soleil va grossir jusqu'à ce qu'il ____________ (faire) le double de son volume actuel.
6. Quoique ce ____________ (être) plus facile en été, on peut observer des étoiles filantes toute l'année.
7. Mes parents ont travaillé dur afin que j' ____________ (avoir) une chance de devenir astronaute.
8. Bien que nous ____________ (connaître) encore mal cette planète, elle semble intéressante.

3 Les extraterrestres Aude croit que les petits hommes verts existent. Conjuguez les verbes entre parenthèses au subjonctif passé pour compléter ses phrases. (4 x 1 pt. each = 4 pts.)

1. Il semble que des extraterrestres ____________ (atterrir) sur Terre il y a 2.000 ans.
2. Il se peut aussi que des gènes extraterrestres ____________ (entrer) dans l'ADN humain.
3. Pensez-vous que tous ces extraterrestres ____________ (repartir) dans l'espace?
4. Je ne crois pas que nous ____________ (finir) d'entendre parler de cette histoire.

Nom ______________________________ Date ____________

Leçon 7

GRAMMAR 7.3 QUIZ II
The subjunctive with expressions of doubt and conjunctions; the past subjunctive

1 En science Conjuguez les verbes entre parenthèses pour compléter les phrases. (10 x 1 pt. each = 10 pts.)

1. Il n'y a aucun problème, pourvu que toutes vos expériences ___________ (être) éthiques.
2. Je doute que nous ___________ (arriver) à prouver que professeur Verrand a tort.
3. Penses-tu qu'ils ___________ (vouloir) essayer de le cloner?
4. Il est douteux que vous ___________ (faire) de la recherche de qualité dans ces conditions.
5. Je ne crois pas qu'il ___________ (aller) travailler pour ce laboratoire.
6. L'expérience ne marchera pas, à moins que les cellules ___________ (guérir) rapidement.
7. Il a fallu attendre le début du 20e siècle pour que la génétique ___________ (se développer).
8. Il leur faut des ressources afin qu'ils ___________ (pouvoir) créer un laboratoire.
9. Barbara était mathématicienne avant qu'elle ___________ (devenir) astronome.
10. Il se peut que mon équipe ___________ (explorer) cette question bientôt.

2 La technologie Utilisez votre imagination et le subjonctif passé pour finir ces phrases. (5 x 2 pts. each = 10 pts.)

1. J'ai perdu tout mon travail bien que…

____

____

2. Ta connexion à Internet est trop lente. Il est impossible que…

____

____

3. Je ne travaillerai pas sur cet ordinateur avant que…

____

____

4. Je doute que ton smartphone...

____

____

5. Tu pourras recommencer, pourvu que…

____

____

Nom ______________________________________ Date ____________________

Leçon 7

LESSON TEST

1 Un message important Vous allez entendre un message téléphonique. Écoutez-le attentivement, puis répondez aux questions par des phrases complètes. (6 x 2 pts. = 12 pts.)

1. Pour quelle raison Jean-Marc appelle-t-il Benoît?

   ____

2. Qu'est-ce que Jean-Marc avait fait, à l'aide de son appareil photo?

   ____

3. Qu'est-ce qu'il était en train de faire au moment où le problème s'est présenté?

   ____

4. Jean-Marc a un deuxième problème. Quel est ce problème?

   ____

5. Pourquoi Jean-Marc pense-t-il que Benoît peut l'aider?

   ____

6. Qu'est-ce que Jean-Marc demande à Benoît de faire?

   ____

2 Trouvez l'intrus Pour chaque groupe, indiquez le mot qui ne va pas avec les autres. (8 x 1 pt. = 8 pts.)

1. atterrir / ADN / gène / cloner
2. télécharger / cellule / sauvegarder / effacer
3. astronome / chimiste / biologiste / génétique
4. lecteur de DVD / portable / étoile / puce
5 recherche / mot de passe / découverte / brevet d'invention
6. innovant / gravité / avancé / révolutionnaire
7. internaute / cyberespace / survie / moteur de recherche
8. espace / ovni / outil / extraterrestre

Nom ____ Date ____________________

3 À vous! Écrivez six phrases pour faire des comparaisons. Utilisez les éléments des quatre colonnes. (6 x 2 pts. = 12 pts.)

A	B	C	D
ordinateur portable	aller	plus (que)	brillant
découverte	être	moins (que)	bien
étoile	fonctionner	aussi (que)	révolutionnaire
théorie	prouver	le plus	souvent
astronaute	découvrir	le moins	spécialisé
chercheur			vaccin

1. ____
2. ____
3. ____
4. ____
5. ____
6. ____

4 Le futur Mettez ces phrases au futur simple. (5 x 2 pts. = 10 pts.)

1. Je vais être chimiste.

   ____

2. L'astrologue va prédire l'avenir.

   ____

3. Vous allez prouver une théorie.

   ____

4. Nous allons voir une étoile filante (*shooting*).

   ____

5. Nos enfants vont faire des découvertes capitales.

   ____

5 Le progrès Finissez les phrases pour exprimer votre opinion. (6 x 1 pt. = 6 pts.)

1. Il est évident que ____.
2. Je suis sûr(e) que ____.
3. Nous espérons que ____.
4. Il est peu probable que ____.
5. Nous allons au lycée pour que ____.
6. Croyez-vous que ____?

6 Dans dix ans Répondez aux questions par des phrases complètes. (6 x 2 pts. = 12 pts.)

Dans dix ans, ...

1. ...où habiterez-vous?

   ____

2. ...est-ce que vous serez marié(e) ou célibataire?

   ____

3. ...aurez-vous des enfants? Combien?

   ____

4. ...quelle profession exercerez-vous?

   ____

5. ...que ferez-vous pour vous amuser?

   ____

6. ...serez-vous heureux/heureuse?

   ____

LECTURE

À la découverte de la science

Bonjour et bienvenue! Je m'appelle Vincent Mougenet et je suis responsable de votre formation. Nous allons explorer ensemble la bio-informatique. Si vous êtes ici, c'est parce que vous avez déjà des notions de biologie et d'informatique, et que vous voulez les approfondir (*to go deeper*) pour devenir des professionnels de la bio-informatique. Comme vous le savez peut-être déjà, dans une équipe scientifique, le bio-informaticien sert d'intermédiaire entre les biologistes et les informaticiens.

Avant de continuer, nous allons parler de l'organisation du cours. Vous pourrez travailler soit (*either*) sur les ordinateurs de la salle, soit (*or*) sur votre ordinateur portable. Dans ce cas, je vous aiderai à télécharger et à installer les outils nécessaires. Je serai l'instructeur principal. Voici mon adresse e-mail, si vous avez besoin de me contacter directement. Vous aurez aussi accès au site Internet du cours, dès que vous aurez choisi votre mot de passe. Si vous travaillez sur ces ordinateurs, n'oubliez pas de sauvegarder régulièrement vos documents et de copier vos résultats à la fin de chaque cours sur une clé USB. Sinon (*Otherwise*), tout sera effacé automatiquement. Et bien sûr, pas de téléphone portable en classe!

En un mot, la bio-informatique contribue à la recherche biologique par le traitement numérique de l'information. Comme vous le verrez, c'est une science très innovante et ses applications sont nombreuses: génétique, étude du comportement cellulaire… Nous verrons ensemble beaucoup d'exemples et nous parlerons également des théories et de l'éthique scientifiques. Vous aurez l'occasion de rencontrer des professionnels: des biochimistes, des mathématiciens ou encore des spécialistes de l'environnement, qui viendront vous parler. Vous pourrez ainsi explorer les sujets qui vous intéressent le plus et créer vos propres sujets de recherche. J'espère que ce sera une expérience enrichissante (*enriching*) pour tous!

Nom ________________________________ Date ______________

1 Compréhension Répondez aux questions par des phrases complètes. (6 x 2 pts. = 12 pts.)

1. Qui est Vincent Mougenet?

____

2. Comme bio-informaticiens, que feront les étudiants?

____

3. Que feront les étudiants pour devenir des professionnels de la bio-informatique?

____

4. Que fera Vincent Mougenet si les étudiants travaillent sur leur ordinateur portable?

____

5. Dans quel cas est-ce que tout sera automatiquement effacé?

____

6. Pourquoi le cours sera-t-il une expérience enrichissante pour les étudiants?

____

2 Et vous? Pensez-vous qu'un cours de bio-informatique puisse être utile? Justifiez votre réponse en au moins quatre phrases complètes. (8 pts.)

____

____

____

____

____

RÉDACTION

Imaginez une invention scientifique ou technologique qui pourra changer le monde. Décrivez cette invention et expliquez comment elle révolutionnera la vie quotidienne. Écrivez au moins dix phrases à l'aide du vocabulaire de la leçon. (20 pts.)

____

____

____

____

____

____

____

____

____

____

____

____

Nom ______________________ Date ______________

OPTIONAL TESTING SECTIONS

Leçon 7
Court métrage

Écrivez quatre ou cinq phrases sur le court métrage *Le Manie-tout.* Aidez-vous de ces questions: Pourquoi Martin doit-il retourner à l'atelier du vieil homme? Quelles indications y a-t-il du handicap de Basile? Pourquoi Martin pense-t-il que le vieil homme peut faire bouger son frère?

Imaginez
La Belgique, la Suisse et le Luxembourg

1. 2. 3.

Choisissez une de ces photographies et décrivez en trois phrases ce qu'elle représente. Basez-vous sur ce que vous avez appris dans la section **Imaginez.**

Le Zapping

Écrivez un paragraphe pour décrire le robot lycéen. Donnez quelques exemples de ses applications pour les élèves.

Nom ______________________________ Date ______________

Leçon 8

VOCABULARY QUIZ I

1 Trouvez l'intrus Dans chaque groupe, choisissez l'élément qui ne va pas avec les autres. (5 x 1 pt. each = 5 pts.)

1. a. l'alpinisme b. le ski de fond c. la patinoire
2. a. une exposition b. un groupe c. un vernissage
3. a. des loisirs b. des cartes c. des fléchettes
4. a. la pétanque b. une pièce de théâtre c. une comédie
5. a. admirer b. s'étonner c. obtenir

2 Qui fait quoi? Identifiez de manière logique ce que chaque personne de la colonne **A** fait dans la colonne **B**. (5 x 1 pt. each = 5 pts.)

A	B
1. un arbitre	a. faire la queue
2. un supporter	b. organiser des matchs
3. une spectatrice	c. siffler match nul
4. un club sportif	d. jouer avec son groupe
5. une musicienne	e. applaudir l'équipe

3 Les expressions Complétez les phrases avec des expressions de la liste et faites les accords nécessaires. Attention! Il y a plus d'expressions que de phrases. (5 x 2 pts. each = 10 pts.)

faire match nul	**obtenir des billets**
faire passer	**porter un toast**
jouer au bowling	**se promener**
marquer un but	**valoir la peine**

1. Ce spectacle est super. Ça ________________ de le voir.
2. Je peux ________________ pour ce spectacle si tu veux.
3. S'il vous plaît... Avant de commencer, je souhaite ________________ à nos hôtes.
4. Merci, et si vous avez aimé notre pièce, ________________ le mot à tous vos amis.
5. Bordeaux et Paris ________________ et finissent à égalité.

Nom ____ Date ______________________

Leçon 8

VOCABULARY QUIZ II

1 Le foot Choisissez les bons mots du vocabulaire pour compléter les phrases de manière logique. (5 x 1 pt. each = 5 pts.)

1. Tu es ________________ (match / fan) de quelle équipe? Paris ou Lyon?
2. Duhamel ________________ (s'est blessé / s'est diverti) hier et ne jouera pas ce soir.
3. Plantin court, passe les défenseurs Boudarou et Leglénec, et ________________ (siffle / marque)! But!!!
4. Enfin! L'arbitre vient de ________________ (célébrer / siffler) la fin du match.
5. ________________ (Les supporters / Les musiciens) sont debout et applaudissent les joueurs.

2 Par exemple Trouvez un exemple dans le vocabulaire de la leçon pour illustrer chaque catégorie. Utilisez un article devant chaque exemple. (5 x 2 pts. each = 10 pts.)

1. un spectacle: ____
2. un jeu où on joue assis: ____
3. un jeu où on joue debout (*standing*): ________________________________
4. un sport extrême: ____
5. un objet qu'on voit au musée: __________________________________

3 Au spectacle Décrivez dans un paragraphe la dernière fois où vous avez assisté à un spectacle ou à un match. Où est-ce que vous êtes allé(e), avec qui, et qu'est-ce que vous avez vu? Avez-vous bien aimé? Qu'avez-vous fait immédiatement après? Avez-vous discuté du spectacle ou du match avec vos ami(e)s, plus tard? Utilisez le vocabulaire de la leçon pour répondre aux questions. (5 pts.)

____

____

____

____

____

____

____

____

____

____

____

Nom ______________________________ Date ________________

Leçon 8

GRAMMAR 8.1 QUIZ I
Infinitives

1 Ce soir Finissez les phrases de la colonne **A** avec les éléments de la colonne **B**. (4 x 2 pts. each = 8 pts.)

A	B
1. Cette pièce vient...	a. rire.
2. Ce soir, nous allons...	b. d'arriver à Bruxelles.
3. Il paraît qu'elle fait...	c. à venir nous rejoindre.
4. N'hésite pas...	d. y assister.

2 Les passe-temps Réécrivez les phrases pour intégrer les éléments donnés entre parenthèses. N'oubliez pas d'utiliser une préposition si nécessaire. (6 x 2 pts. each = 12 pts.)

Modèle

Nous leur avons demandé des billets. (nous acheter)

Nous leur avons demandé de nous acheter des billets.

1. Je fais la queue avant le spectacle. (détester)

   ____

   ____

2. Ils visiteront ce parc d'attraction en premier. (refuser)

   ____

   ____

3. Mes amis ont trouvé des billets sur Internet. (arriver)

   ____

   ____

4. On va jouer au bowling ensemble ce soir. (aller)

   ____

   ____

5. Nous visitons cette exposition tout de suite. (ne pas souhaiter)

   ____

   ____

6. Il s'est blessé au début du match! (réussir)

   ____

   ____

Nom ______________________ Date ______________

Leçon 8

GRAMMAR 8.1 QUIZ II
Infinitives

1 Plus de subjonctif! Dans chaque phrase, éliminez le deuxième sujet et remplacez le subjonctif par un infinitif. (4 x 3 pts. each = 12 pts.)

Modèle

Je veux que tu m'apprennes à jouer aux fléchettes.

Je veux apprendre à jouer aux fléchettes.

1. Il vaut mieux qu'on attende la fin pour applaudir.

____

____

2. Viviane est fière que nous fassions une exposition.

____

____

3. Je souhaite que nous pratiquions le saut à l'élastique.

____

____

4. Il est important qu'on essaie d'arriver à l'heure.

____

____

2 Ils m'encouragent à... Quels sports ou activités artistiques vos parents vous poussent-ils à faire? Est-ce qu'il y a des activités que vous avez d'abord essayées, puis abandonnées? Utilisez des infinitifs pour répondre aux questions. Quelques verbes utiles vous sont suggérés. (8 pts.)

arrêter de	**empêcher de**
avoir envie de	**essayer de**
choisir de	**rêver de**
commencer à	**se mettre à**

____

____

____

____

____

____

____

____

Nom ____ Date ____________________

Leçon 8

GRAMMAR 8.2 QUIZ I
Prepositions with geographical names

1 Les lieux Indiquez l'article défini (**le, la, les**) qui correspond à ces noms de lieux. (8 x 1 pt. each = 8 pts.)

_______ 1. Japon

_______ 2. Pays-Bas

_______ 3. Guyane

_______ 4. Cambodge

_______ 5. Tennessee

_______ 6. Nouvelle-Orléans

_______ 7. Géorgie

_______ 8. Québec

2 Les destinations Complétez ce texte avec les prépositions et articles nécessaires. (6 x 1 pt. each = 6 pts.)

Cet été, le groupe partira en tournée (1) ___________ Belgique, (2) ___________ Pays-Bas et peut-être (3) ___________ Japon. Puis, ils iront (4) ___________ Tennessee et (5) ___________ Los Angeles pour enregistrer leur nouvel album. Après, ils reviendront (6) ___________ Europe.

3 Les origines Complétez ce texte avec les prépositions et articles nécessaires. (6 x 1 pt. each = 6 pts.)

Pour monter cette exposition unique, nous avons emprunté des tableaux du monde entier. Certains viennent (1) ___________ Canada, (2) ___________ États-Unis et (3) ___________ Mexique. D'autres sont arrivés (4) ___________ Asie. En France, la plupart viennent (5) ___________ Paris et de ses environs. Nous sommes très contents de pouvoir présenter aussi un tableau qui vient (6) ___________ Russie.

Nom ____________________ Date ____________

Leçon 8

GRAMMAR 8.2 QUIZ II
Prepositions with geographical names

1 Notre groupe Complétez le texte avec les prépositions et articles nécessaires. (6 x 1 pt. each = 6 pts.)

Nous avons commencé (1) __________ Paris, puis nous avons joué dans des festivals un peu partout (2) __________ France. Nos influences musicales viennent (3) __________ Afrique et (4) __________ Cuba. Notre chanteur est né (5) __________ Maroc. Normalement, nous allons enregistrer notre prochain album __________ Caire.

2 Ces endroits Utilisez des phrases complètes pour dire si vous êtes déjà allé(e) dans ces endroits. (4 x 2 pts. each = 8 pts.)

1. Haïti: ____________________
2. Martinique: ____________________
3. Texas: ____________________
4. Nouvelle-Orléans: ____________________

3 Mes voyages Écrivez un paragraphe pour décrire de quelle ville ou région et de quel état ou pays vous venez. Puis, faites une liste de toutes les villes, régions, états et pays où vous êtes déjà allé(e). Où irez-vous vivre plus tard? Utilisez des prépositions et des noms de lieux. (6 pts.)

Nom ______________________________ Date ______________

Leçon 8

GRAMMAR 8.3 QUIZ I
The *conditionnel*

1 Poliment Utilisez le conditionnel pour rendre ces questions encore plus polies. (4 x 2 pts. each = 8 pts.)

Modèle

Est-ce que nous pouvons jouer avec vos cartes?

Est-ce que nous pourrions jouer avec vos cartes?

1. Avez-vous ces talons en taille 36?

____

____

2. Est-ce que tu peux faire la queue pour moi?

____

____

3. Voulez-vous vous promener un peu avant le dîner?

____

____

4. Est-ce que vous pouvez arrêter de siffler, s'il vous plaît?

____

____

2 Si... Utilisez le conditionnel des verbes entre parenthèses pour dire ce qui se passerait si ces situations existaient. (8 x 1.5 pts. each = 12 pts.)

1. Si j'étais courageuse, j' ____________ (essayer) de faire du saut à l'élastique.
2. Tu ____________ (aller) à ce concert si tu pouvais obtenir des billets?
3. S'il arrêtait d'être un rabat-joie, on l' ____________ (inviter) plus souvent.
4. Si nous avions le choix, nous ____________ (refaire) une comédie.
5. Si ces peintres faisaient une exposition, ça ____________ (valoir) la peine de la voir.
6. Si Guillaume et Abdel avaient la place chez eux, ils ____________ (avoir) un billard.
7. Si j'avais des baskets, je ____________ (courir) plus vite que toi.
8. Si nous savions faire du ski de fond, nous ____________ (se promener) en forêt.

Nom ____ Date ______________________

Leçon 8

GRAMMAR 8.3 QUIZ II
The *conditionnel*

1 Nos passe-temps Conjuguez les verbes entre parenthèses au conditionnel. (10 x 1 pt. each = 10 pts.)

1. Nous lui avons réservé un billet au cas où il _____________ (vouloir) venir avec nous.
2. D'après mon critique préféré, cette exposition _____________ (valoir) vraiment la peine.
3. Tu _____________ (aimer) fêter ton anniversaire au restaurant cette année?
4. Nous _____________ (savoir) quoi aller voir si nous sortions plus souvent.
5. Pardon monsieur, _____________-vous (avoir) l'heure, s'il vous plaît?
6. Si je vous invitais, vous _____________ (venir) au vernissage de mon exposition la semaine prochaine?
7. Mes copains _____________ (devoir) aimer ce groupe.
8. On _____________ (pouvoir) peut-être leur trouver un cadeau dans cette boutique de souvenirs.
9. Est-ce que ce nœud papillon _____________ (aller) bien avec mon costume gris?
10. S'ils le pouvaient, ils _____________ (créer) leur propre groupe de musique.

2 À la montagne Que feriez-vous si vous étiez bloqué(e) par la neige (*snowed in*) dans un chalet de montagne un week-end, avec trois ou quatre de vos meilleur(e)s ami(e)s? Utilisez des verbes au conditionnel pour décrire comment vous passeriez le temps. (10 pts.)

____

____

____

____

____

____

____

____

____

____

____

____

____

____

____

____

____

____

____

____

____

____

Nom ______________________ Date ______________

Leçon 8

LESSON TEST

1 Les passe-temps François parle de ses amis et de leurs passe-temps. Écoutez attentivement François, puis choisissez la personne à laquelle correspond chaque affirmation. (6 x 2 pts. = 12 pts.)

_____ 1. C'est un casse-cou.
_____ 2. Il adore les concerts de rock.
_____ 3. Il joue à la pétanque.
_____ 4. Il connaît ses limites.
_____ 5. Il a envie de faire du saut à l'élastique.
_____ 6. Il aime les parcs naturels.

a. François
b. Philippe
c. Stéphane
d. Julien

2 Catégories Indiquez la catégorie qui correspond à chaque mot. (10 x 1 pt. = 10 pts.)

	le sport	les arts	le temps libre
1. un arbitre			
2. le billard			
3. une exposition			
4. l'alpinisme			
5. les boules			
6. un spectacle			
7. une patinoire			
8. une pièce			
9. un vernissage			
10. les fléchettes			

3 À relier Formez des phrases complètes à l'aide des éléments donnés. Ajoutez des prépositions si nécessaire. (6 x 2 pts. = 12 pts.)

1. Elle / espérer / obtenir / des billets / de cinéma
____
2. Je / avoir l'intention / faire / de l'alpinisme
____
3. Ils / venir / célébrer / leur anniversaire de mariage
____
4. Tu / ne pas / vouloir / porter un toast / hier soir?
____
5. Vous / ne pas / aller / prendre un café / avec nous?
____
6. Les enfants / oublier / quelquefois / faire / la vaisselle
____

Nom ____ Date ______________________

4 Un peu de géo Choisissez la bonne préposition. (6 x 2 pts. = 12 pts.)

1. Nous allons _________ Brésil.
   a. en b. au c. à d. aux
2. Mes parents habitent _________ États-Unis.
   a. en b. au c. à d. aux
3. Je suis né _________ Grèce.
   a. en b. au c. à d. aux
4. Ton frère revient _________ Asie?
   a. de b. du c. des d. d'
5. Vous arrivez _________ Mozambique?
   a. de b. du c. de la d. d'
6. Coralie est _________ Chicago.
   a. de b. du c. des d. d'

5 Ce week-end Pour compléter la conversation, employez le conditionnel des verbes entre parenthèses. (7 × 2 pts. = 14 pts.)

MARLÈNE Qu'est-ce que tu (1) ______________ (aimer) faire ce week-end?
ANTOINE Je ne sais pas. (2) ______________ (avoir)-tu envie d'aller au cinéma?
MARLÈNE Non, ça ne me dit rien. Je (3) ______________ (préférer) aller à un endroit où on peut bavarder.
ANTOINE Nous (4) ______________ (pouvoir) aller au gymnase. On (5) ______________ (pouvoir) jouer au basket.
MARLÈNE Je suis nulle en basket. Ce (6) ______________ (être) plus sympa d'aller prendre un café.
ANTOINE Ça, c'est une bonne idée. Si nous allions au café du coin, nous (7) ______________ (avoir) une belle vue du jardin public.

6 À vous! Créez six phrases à l'aide des éléments des colonnes. Ajoutez tous les autres éléments nécessaires. (6 x 2 pts. = 12 pts.)

A	B	C
je mon/ma meilleur(e) ami(e) mes ami(e)s et moi tes ami(e)s et toi mes parents tu	aimer demander désirer écouter permettre suggérer	un **verbe** de votre choix

1. ____
2. ____
3. ____
4. ____
5. ____
6. ____

Nom ______________________________ Date ______________

LECTURE

Vivre à La Réunion

Marie-Laure est née à La Réunion et, pour elle, il n'y a pas de meilleur endroit au monde! Ses parents habitent dans un petit village où ils ont une boutique de souvenirs pour les touristes. Quand elle était petite, Marie-Laure bavardait avec des visiteurs venus du monde entier. Cela lui a donné envie d'aller voir les endroits lointains dont ils parlaient… Paris, New York ou Bruxelles.

Malgré tous ces voyages, son lieu préféré reste son île. Elle adore se promener sur ses plages ou dans ses montagnes pour en admirer les paysages, qui sont pour elle, les plus beaux du monde. Elle aime aussi passer du temps avec ses amis. Ils se réunissent souvent au petit café du village. Ils boivent un café ensemble, discutent, jouent aux fléchettes ou aux cartes. Leurs parties de pétanque sur la place sont célèbres. Ils aiment aussi sortir en ville pour faire une partie de billard ou de bowling ou bien aller voir des groupes de Maloya, la musique locale. Le dimanche, ils vont au stade pour voir un match de foot. Les parties sont toujours très animées, et le spectacle en vaut vraiment la peine. Les spectateurs font des paris, applaudissent et hurlent sur leurs sièges; l'arbitre siffle constamment, sauf quand on a marqué un but; et les joueurs se roulent par terre pour faire semblant (*to pretend*) de s'être blessés. Tout cela est très divertissant!

Récemment, Marie-Laure est devenue fan de saut à l'élastique. Ses amis se sont d'abord étonnés, puis ils ont admiré son courage et sa détermination. Elle s'entraîne maintenant pour obtenir le record de l'île. C'est sûr, on n'a pas souvent l'occasion de mettre une robe du soir et des talons aiguilles pour aller à un vernissage ou à un spectacle qui se joue à guichets fermés, comme à Paris ou à New York, mais elle n'échangerait sa place ici pour rien au monde!

1 Compréhension Répondez aux questions par des phrases complètes. (6 x 1 pt. = 6pts.)

1. Que font les parents de Marie-Laure?
____
2. Qui lui a parlé de Paris, New York et Bruxelles?
____
3. Que fait Marie-Laure au petit café du village?
____
4. Que fait-elle le dimanche?
____
5. Qu'est-ce que le Maloya?
____
6. Qu'est-ce que Marie-Laure n'a pas souvent l'occasion de faire?
____

Nom ______________________________ Date ______________

2 Et vous? Imaginez que Marie-Laure vous invite à La Réunion. Dites-lui dans un e-mail d'au moins huit phrases ce que vous aimeriez faire là-bas et posez-lui une ou deux questions sur les possibilités d'activités. (6 pts.)

RÉDACTION

Imaginez que vous ayez gagné le voyage de vos rêves et que vous alliez visiter trois pays différents. Quels pays choisiriez-vous et qu'est-ce que vous y feriez? Écrivez au moins huit phrases à l'aide du vocabulaire de la leçon. (16 pts.)

Nom ______________________________ Date ______________

OPTIONAL TESTING SECTIONS

Leçon 8
Court métrage

À la fin du film *Le ballon prisonnier*, Dylan se fait éliminer de l'équipe pour avoir mal joué. Imaginez un dialogue entre lui et l'entraîneur. Aidez-vous de ces questions: Pourquoi l'entraîneur a-t-il choisi de remplacer Dylan? Comment réagit Dylan aux explications? Quels conseils l'entraîneur pourrait-il lui donner pour s'améliorer?

____

____

____

____

____

____

____

Imaginez
L'océan Indien

Répondez aux questions par des phrases complètes.

1. Que produit Madagascar?
____
2. Que trouve-t-on dans le lagon de Mayotte?
____
3. Qu'est-ce que le piton de la Fournaise? Où se trouve-t-il?
____
4. Qu'est-ce que l'île d'Aldabra?
____
5. Que peut-on visiter sur l'île Maurice? Qu'est-ce qui a disparu sur l'île?
____

Nom ______________________________ Date ____________________

Galerie de Créateurs

Complétez la fiche descriptive de Khaleel Torabully. Pour «Son œuvre», mentionnez les caractéristiques et l'importance de son œuvre, et donnez un exemple. Pour «Autres points intéressants», donnez des informations qui vous paraissent utiles. Pour «Commentaire personnel», donnez votre opinion sur l'artiste et son œuvre.

1. Sa spécialité:
2. Son œuvre:
3. Autres points intéressants:
4. Commentaire personnel:

Nom ____ Date ______________________

Leçon 9

VOCABULARY QUIZ I

1 Les antonymes Trouvez les termes de la colonne **B** qui ont un sens contraire à ceux de la colonne **A**. (4 x 1 pt. each = 4 pts.)

	A	B
________	1. prospère	a. embaucher
________	2. licencier	b. économies
________	3. dettes	c. chômeuse
________	4. employée	d. en faillite

2 Au travail Choisissez le terme le plus logique pour compléter chaque phrase. (5 x 2 pts. each = 10 pts.)

1. Au travail, il est interdit de/d' ______________ les employés.
   a. embaucher b. gérer c. harceler
2. Tous les employés devraient pouvoir suivre des ______________, si nécessaire.
   a. postes b. formations c. comptables
3. Un bon homme d'affaires saura donner des ______________ à ses employés les plus compétents.
   a. augmentations b. réunions c. entrepôts
4. Un employé qui est constamment ______________ ne fera pas un bon travail.
   a. sous pression b. licencié c. disposé
5. Pour ______________ le meilleur des autres, il faut commencer par l'______________de soi-même.
   a. investir b. diriger c. exiger

3 Les finances Complétez les phrases avec les mots ou expressions de la liste. (6 x 1 pt. each = 6 pts.)

faillite	**dettes**
carte bancaire	**distributeur**
crise économique	**touche**

1. Le ______________ ne m'a pas rendu ma ______________! Maintenant, il faut que j'aille au guichet de la banque pour la récupérer (*get it back*).
2. À cause de la ______________, beaucoup de familles ont des ______________ et beaucoup d'entreprises font ______________.
3. On ______________ son salaire au début du mois, en général.

Nom ______________________________ Date ______________

Leçon 9

VOCABULARY QUIZ II

1 En contexte Utilisez le vocabulaire de la leçon pour compléter les phrases le plus logiquement possible. (8 x 1 pt. each = 8 pts.)

1. Quelqu'un qui vient de perdre son travail se retrouve ______________.
2. Quand on dépose de l'argent dans son compte épargne, on ______________.
3. Quand une entreprise n'est plus capable de rembourser ses dettes, elle risque la ______________.
4. Un ______________ est quelqu'un qui ne travaille pas bien et pas assez.
5. En France, légalement, le ______________ est de 35 heures par semaine.
6. Faire un budget, c'est équilibrer ses recettes et ses ______________.
7. Si on fait bien son travail, on mérite d'être ______________.
8. Comme mes parents, j' ______________ mes économies dans le marché boursier.

2 À mon avis À l'aide du nouveau vocabulaire, finissez les phrases pour exprimer votre opinion. (6 x 2 pts. each = 12 pts.)

1. Quand on a des dettes, il faut ______________________________
____
2. Pour bien gagner sa vie, on doit ______________________________
____
3. Quand on reçoit le salaire minimum, on ______________________________
____
4. En temps de crise, il faut ______________________________
____
5. Je démissionnerais si ______________________________
____
6. Souvent, les hommes et les femmes d'affaires ______________________________
____

Nom ______________________________ Date ______________

Leçon 9

GRAMMAR 9.1 QUIZ I
Relative pronouns

1 Travailler mieux Choisissez le pronom relatif nécessaire pour compléter les phrases. (5 x 2 pts. each = 10 pts.)

1. La formation ______________ (que / qui / dont / où) nous suivons est importante et passionnante.
2. M. Vauregard va poser sa candidature pour le poste ______________ (que / qui / dont / où) vient d'être créé.
3. Le grand magasin ______________ (que / qui / dont / où) je travaille embauche des vendeurs.
4. Le salaire ______________ (que / qui / dont / où) tu as besoin pour vivre est le double du salaire minimum.
5. Les chômeurs ______________ (dont / où / que / qui) tu vois devant le bureau sont venus demander un emploi.

2 Nos finances Réécrivez les phrases et utilisez des pronoms relatifs pour éliminer la répétition des mots soulignés. (4 x 2.5 pts. each = 10 pts.)

1. J'ai des problèmes avec mon compte d'épargne. J'ai ouvert ce compte d'épargne hier.

____

____

2. Chaque mois, on économise une partie de notre salaire. On paie nos dettes avec une partie de notre salaire.

____

____

3. Les chiffres de la pauvreté viennent de sortir. Ces chiffres ne nous étonnent pas trop.

____

____

4. À court terme, vous toucherez un pourcentage. Nous avons discuté de ce pourcentage.

____

____

Nom ____ Date ____________________

Leçon 9

GRAMMAR 9.1 QUIZ II
Relative pronouns

1 Les finances Utilisez les pronoms relatifs et prépositions nécessaires pour compléter les phrases. (8 x 1 pt. each = 8 pts.)

1. Voici la conseillère financière ____________ m'a recommandé un compte épargne.
2. La carte bancaire ____________ nous vous donnerons est gratuite.
3. Le budget ____________ ils parlent semble impossible.
4. La banque ____________ Françoise travaille a plusieurs distributeurs en ville.
5. Malik a pris rendez-vous avec la banque ____________ il est client.
6. M. Bertrand est le gérant ____________ je vous suggère de parler.
7. Je vous conseille d'investir dans cette entreprise ____________ vient d'avoir une excellente année.
8. C'est une opportunité incroyable ____________ vous devriez absolument profiter.

2 Dans l'entreprise Utilisez votre imagination pour finir les phrases. (3 x 2 pts. = 6 pts.)

1. Voici notre comptable, Mme Vigeois, qui ____
____
2. C'est l'entreprise multinationale où ____
____
3. M. Déront est le gérant du grand magasin avec lequel ______________________________
____

3 Mon lycée Écrivez un paragraphe pour décrire le personnel qui travaille à votre lycée. Expliquez qui fait quoi dans les bureaux et à l'administration, et qui enseigne les cours que vous suivez. Utilisez des pronoms relatifs. (6 pts.)

____
____
____
____
____
____
____
____
____
____

Nom ______________________________ Date ______________

Leçon 9

GRAMMAR 9.2 QUIZ I
The present participle

1 Comment? Expliquez comment ces choses sont arrivées en utilisant la préposition **en** et le participe présent des verbes entre parenthèses. (5 x 1 pt. each = 5 pts.)

1. Vous avez calculé ce chiffre ______________ (tenir) compte des recettes de l'année dernière.
2. J'ai investi ______________ (savoir) que le marché allait augmenter.
3. ______________ (avoir) toutes ces dettes, ils ne peuvent pas économiser.
4. Mes voisins ont payé leur maison ______________ (emprunter).
5. Avons-nous fait une erreur ______________ (prendre) une nouvelle carte bancaire?

2 Les employés Ces actions ont lieu immédiatement l'une après l'autre. Utilisez la préposition **en** et le participe présent des verbes entre parenthèses pour le montrer. (5 x 1 pt. each = 5 pts.)

1. J'ai déposé mon chèque ______________ (sortir) du travail.
2. On diminuera notre temps de travail ______________ (devenir) consultants.
3. J'aurai un meilleur salaire ______________ (être) promu à ce poste.
4. ______________ (entendre) la nouvelle, le syndicat a immédiatement organisé une réunion.
5. La nouvelle direction a pris le contrôle de l'entreprise ______________ (licencier) tous les cadres.

3 Tout en Utilisez **tout en** et le participe présent des verbes entre parenthèses pour montrer que ces actions sont simultanées. (6 x 1 pt. each = 6 pts.)

1. Gilles a assisté à la réunion ______________ (répondre) à son courrier.
2. Nous sommes un syndicat important ______________ (avoir) peu de membres.
3. Cette entreprise est prospère ______________ (être) sous pression pour trouver de nouveaux marchés.
4. On peut bien vivre ______________ (faire) des économies.
5. Certains achètent des tableaux de maîtres pour en profiter ______________ (investir).
6. Au chômage, j'ai sollicité plusieurs emplois ______________ (suivre) une formation.

4 En entreprise Complétez les phrases avec des adjectifs ou des noms basés sur les participes présents des verbes de la liste et faites les accords nécessaires. (4 x 1 pt. each = 4 pts.)

changer	**consulter**	**exiger**	**gérer**

1. Ma femme est ______________ en entreprise.
2. Ce sont nos clients les plus ______________.
3. Si vous avez un problème, demandez à voir le ______________.
4. Ces jours-ci, le marché n'est pas stable et il est très ______________.

Nom ______________________________ Date ______________

Leçon 9

GRAMMAR 9.2 QUIZ II
The present participle

1 Comment? Expliquez comment ces choses sont arrivées en utilisant la préposition **en** et le participe présent des verbes entre parenthèses. (8 x 1 pt. each = 8 pts.)

1. Tu peux trouver un poste plus facilement ______________ (avoir) des relations.
2. ______________ (savoir) que vous aurez plus de responsabilités, vous recevrez aussi une augmentation.
3. Nous voulons trouver une solution au problème ______________ (organiser) une grande réunion.
4. Je dois prendre rendez-vous ______________ (écrire) au leader du syndicat.
5. L'entreprise surmontera la crise ______________ (faire) des sacrifices.
6. Est-ce que vous prépariez le budget ______________ (parler) aux vendeurs, d'habitude?
7. Je terminerai ma formation ______________ (finir) ce rapport.
8. M. Garaud a ruiné cette entreprise ______________ (laisser) des gens incompétents en poste.

2 Tout en Utilisez **tout en** et le participe présent des verbes entre parenthèses pour montrer que ces actions sont simultanées. (8 x 1 pt. each = 8 pts.)

1. Vous pourrez ouvrir un compte épargne ______________ (déposer) votre chèque.
2. On économise un peu ______________ (investir) à long terme.
3. L'idéal, c'est d'aimer son travail ______________ (gagner) bien sa vie.
4. La crise économique a fait baisser les marchés ______________ (créer) beaucoup de chômage.
5. Il touche une aide au logement *(housing)* ______________ (être) propriétaire.
6. L'entreprise sera plus prospère ______________ (payer) cette taxe obligatoire.
7. ______________ (avoir) déjà un comptable, nous avons aussi consulté un conseiller financier.
8. Le président reste optimiste ______________ (prédire) la baisse du marché.

3 En même temps Savez-vous faire plusieurs choses à la fois? Écrivez un paragraphe pour donner des exemples d'activités que vous faites simultanément. Utilisez au moins quatre participes présents. (4 pts.)

____

____

____

____

____

____

____

____

Nom ______________________________ Date ______________

Leçon 9

GRAMMAR 9.3 QUIZ I
Irregular *-oir* verbs

1 Au bureau Complétez ce dialogue avec la forme correcte des verbes entre parenthèses.
(5 x 2 pts. each = 10 pts.)

M. CORDON Marie-France, est-ce que vous (1) ____________ (pouvoir) me passer le nouveau budget?

MARIE-FRANCE Normalement, je ne le (2) ____________ (recevoir) que demain. Vous (3) ____________ (vouloir) l'ancien, à la place?

M. CORDON Non, il me (4) ____________ (falloir) le nouveau.

MARIE-FRANCE Ah! Je (5) ____________ (voir). Je vous l'enverrai aussitôt que possible.

2 Hier Réécrivez les phrases en mettant les verbes irréguliers en **-oir** au passé composé.
(5 x 2 pts. each = 10 pts.)

Modèle

Il pleut aujourd'hui.
Il a plu hier.

1. Les chiffres de la production? Je les vois aujourd'hui.
____
____
2. Aujourd'hui, nous devons embaucher un nouvel employé.
____
____
3. Elles s'asseyent ensemble aujourd'hui.
____
____
4. Les vendeuses que tu vois aujourd'hui ne travaillent pas dans l'entrepôt.
____
____
5. Les employés aperçoivent le directeur en réunion aujourd'hui.
____
____

Nom ______________________________ Date ______________

Leçon 9

GRAMMAR 9.3 QUIZ II
Irregular *-oir* verbs

1 Au travail Conjuguez les verbes entre parenthèses au présent pour compléter les phrases. (5 x pt. 1 each = 5 pts.)

1. Ils ____________ (s'asseoir) à la table des discussions avec les représentants du syndicat.
2. Comme d'habitude, il ____________ (pleuvoir) tout le week-end et il fait beau le reste de la semaine.
3. Est-ce que tu ____________ (apercevoir) Delphine quelque part? Je pars en réunion.
4. Nous ____________ (recevoir) les cadres vers midi.
5. Elles ____________ (ne pas devoir) travailler si tard.

2 Au bureau Complétez les phrases de manière logique avec les verbes de la liste. (5 x 1 pt. each = 5 pts.)

s'asseoir	savoir	valoir	voir	vouloir

1. Vous vous asseyez ici, et moi, je ____________ là, à droite.
2. Je sais que notre entreprise va mal, mais eux, qu'en ____________-ils exactement?
3. Elle voit le rapport en premier, puis nous le ____________ une fois qu'elle a fait des corrections.
4. Mme Vallée est si efficace qu'elle ____________ deux employés à elle seule.
5. L'État veut nous imposer cette taxe, mais nous, nous n'en ____________ pas!

3 En travaillant D'après vous, quels sont les droits et les devoirs des gens qui travaillent ensemble dans une même entreprise? Écrivez un paragraphe avec des observations générales. Par exemple, que doivent faire les employés? Que veut le directeur? Qu'est-ce qu'il faut faire pour que l'entreprise soit prospère? Quelques verbes utiles vous sont suggérés. (10 pts.)

devoir	falloir	pouvoir	recevoir	savoir	valoir	vouloir

____

____

____

____

____

____

____

____

Nom ____ Date ______________________

Leçon 9

LESSON TEST

1 Conversation Vous allez entendre une conversation entre deux amis. Écoutez-la attentivement, puis répondez aux questions par des phrases complètes. (6 x 2 pts. = 12 pts.)

1. Où Michel travaille-t-il?

____

2. Pourquoi Michel ne peut-il pas acheter une voiture maintenant?

____

3. Qu'est-ce que Claire lui conseille de faire d'abord?

____

4. Qu'est-ce que Michel préfère faire à la banque?

____

5. Que pense Claire de son idée?

____

6. Quels conseils Claire lui donne-t-elle à la fin?

____

2 Le monde du travail Choisissez l'expression qui correspond le mieux à chaque mot de la colonne de gauche. (6 x 1 pt. = 6 pts.)

_____ 1. une formation
_____ 2. un conseiller
_____ 3. incompétent
_____ 4. déposer
_____ 5. un poste
_____ 6. le temps de travail

a. quelqu'un qui fait des recommandations
b. un travail
c. mettre de l'argent sur son compte
d. incapable
e. les horaires
f. un enseignement

3 Tout est relatif! Choisissez le bon mot pour compléter les phrases. (6 x 1 pt. = 6 pts.)

1. C'est l'homme ______________ je travaille.
   a. avec qui   b. que   c. avec laquelle
2. Voici le livre ______________ elle t'a parlé.
   a. que   b. lequel   c. dont
3. Je me souviendrai toujours du jour ______________ j'ai connu mon mari.
   a. où   b. que   c. qui
4. C'est la raison ______________ elle est venue.
   a. qu'   b. pourquoi   c. pour laquelle
5. La politique est un sujet ______________ je m'intéresse.
   a. auquel   b. à qui   c. dans lequel
6. ______________ me plaît, c'est le chocolat.
   a. Ce qui   b. Ce qu'   c. Ce dont

Nom ______________________________ Date ______________

4 En même temps Pour compléter les phrases, employez un participe présent logique. Vous pouvez vous aider des mots de la liste. (6 x 2 pts. = 12 pts.)

boire	manger	parler
écouter	marcher	travailler

1. On apprend beaucoup en ______________________.
2. Je ne peux pas étudier en ______________________.
3. Je peux faire mes devoirs tout en ______________________.
4. C'est une mauvaise idée de conduire en ______________________.
5. On ne doit pas manger en ______________________.
6. On gagne sa vie en ______________________.

5 Au travail Complétez les phrases au présent à l'aide des verbes de la liste. Chaque verbe ne sert qu'une fois. (8 x 2 pts. = 16 pts.)

apercevoir	recevoir
falloir	savoir
pleuvoir	valoir
pouvoir	vouloir

1. Cet employé ______________________ beaucoup de courrier.
2. Dominique adore se promener à l'heure du déjeuner, même quand il ______________________.
3. Est-ce que vous ______________________ comment ça marche?
4. D'ici, nous ______________________ la tour Eiffel.
5. Ces produits ne ______________________ pas cher.
6. Pour être promu, ici, il ______________________ beaucoup travailler.
7. Nous ne ______________________ pas solliciter un emploi dans cette entreprise.
8. Est-ce que vous ______________________ me prêter de l'argent?

6 Quel adjectif? Complétez les phrases à l'aide du participe présent de chaque verbe de la liste comme adjectif. Ne les employez qu'une fois. (5 x 2 pts. = 10 pts.)

amuser	exiger	toucher
charmer	imposer	

1. M. Mercier construit des bâtiments ______________________.
2. Le président d'une de ses compagnies raconte des histoires ______________________.
3. C'est un patron ______________________.
4. La dévotion de son assistante est ______________________.
5. Une fête surprise pour son anniversaire? Quelle ______________________ idée!

Nom ____________________ Date ____________

LECTURE

Des rêves plein la tête

Aujourd'hui, un grand forum sur le monde du travail est organisé en ville. Trois amis, encore étudiants à l'université, décident d'y aller pour se renseigner. Ils commencent une conversation sur leur avenir.

MARIKA Moi, mon rêve, c'est de devenir femme d'affaires. Tu vois, comme cette femme en tailleur, là-bas, qui discute avec ses deux clients. Mais alors, attention, pas dans une petite entreprise, je veux me faire embaucher dans une multinationale.

HÉLÈNE Et la pression? Tu n'as pas peur de travailler constamment sous pression?

MARIKA Mais c'est ce que j'aime! Je veux gérer une équipe efficace (*effective*). Je veux diriger des réunions, préparer des budgets, étudier des marchés, embaucher des collègues compétents et leur distribuer des augmentations chaque année!

HÉLÈNE Quel rêve! Ça ne m'attire pas du tout et j'aimerais bien mieux être consultante. Comme ça, c'est moi qui fixe mon temps de travail et mon salaire. Et puis, c'est la liberté: on ne peut pas me licencier.

GUILLAUME Ça, c'est beaucoup de stress aussi. Il faut avoir plein de relations pour se faire des clients. Sans compter qu'il faut savoir faire beaucoup de choses annexes, comme gérer ses propres finances, payer les taxes, faire des économies et investir pour son avenir. C'est trop compliqué pour moi.

HÉLÈNE J'engagerai un comptable, et même des conseillers. Je ne suis pas une fainéante, alors mon affaire (*business*) sera vite prospère.

GUILLAUME Moi, pour l'instant, je pense surtout à mes dettes et au moyen de les rembourser. J'aimerais être sûr de pouvoir bien gagner ma vie, car le chômage me fait peur. Du moment que (*As long as*) je trouve un bon poste en sortant de l'université, je serai content.

MARIKA C'est bien d'être responsable, mais il faut aussi choisir un travail qui te plaise. Regarde autour de toi. Ça te donnera peut-être des idées de carrière intéressante.

1 Compréhension Choisissez la personne qui correspond à chaque description. (6 x 1 pt. = 6 pts.)

_____ 1. Il/Elle veut se faire embaucher dans une multinationale.
a. Marika b. Hélène c. Guillaume

_____ 2. Il/Elle pense surtout à ses dettes et au moyen de les rembourser.
a. Marika b. Hélène c. Guillaume

_____ 3. Il/Elle aime travailler sous pression.
a. Marika b. Hélène c. Guillaume

_____ 4. Il/Elle a peur du chômage.
a. Marika b. Hélène c. Guillaume

_____ 5. Il/Elle voudrait être consultant(e).
a. Marika b. Hélène c. Guillaume

_____ 6. Il/Elle pense qu'il faut trouver un travail qu'on aime.
a. Marika b. Hélène c. Guillaume

Nom ______________________________ Date ______________

2 **Et vous?** Qu'est-ce que vous en pensez? Avec qui êtes-vous d'accord, Marika, Hélène ou Guillaume? Pour vous, qu'est-ce qui est important dans le travail? Écrivez au moins six phrases. (12 pts.)

RÉDACTION

Inventez une conversation entre un conseiller et un élève qui va bientôt recevoir son diplôme. L'élève ne sait toujours pas ce qu'il veut étudier à l'université ou même ce qu'il voudrait faire après ses études. Écrivez au moins dix phrases à l'aide du vocabulaire de la leçon. (20 pts.)

Nom ______________________ Date ______________

OPTIONAL TESTING SECTIONS

Leçon 9
Court métrage

Écrivez cinq phrases pour répondre à ces questions sur le court métrage *Bonne nuit Malik*: Pourquoi Bilal admire-t-il Malik? Pourquoi le comportement de Malik est-il différent au travail et dans sa vie privée? Quel problème Malik a-t-il au travail? Pourquoi veut-il garder son poste?

Imaginez
L'Afrique Centrale

Répondez aux questions par des phrases complètes.

1. Où se trouvent les villes de Kinshasa et de Brazzaville? Soyez précis(e).
2. Que font les jeunes Brazzavillois? Et les Kinois?
3. Quel est le rôle de la BDEAC?
4. Dans quelles constructions a-t-on utilisé le bois de l'okoumé?

Nom ______________________________ Date ____________________

Le Zapping

Écrivez un paragraphe dans lequel vous expliquez la technique utilisée par Oui Marketing dans sa propre publicité.

____

____

____

____

____

____

____

Nom ____ Date ______________________

Leçon 10

VOCABULARY QUIZ I

1 Associez Indiquez le phénomène naturel de la colonne **B** associé à chaque élément naturel de la colonne **A**. (5 x 1 pt. each = 5 pts.)

	A	B
________	1. le vent	a. un tremblement de terre
________	2. la pluie	b. la sécheresse
________	3. la terre	c. un ouragan
________	4. le feu	d. une inondation
________	5. la chaleur (*heat*)	e. un incendie

2 La nature Choisissez le terme le plus logique pour compléter les phrases. (5 x 1 pt. each = 5 pts.)

1. Quand une rivière est à sec, les ______________ (poissons / mers) meurent.
2. À cause de l' ______________ (ours / érosion), cette chaîne montagneuse a presque disparu aujourd'hui.
3. Si cette substance est ______________ (toxique / sèche), il ne faut pas la jeter dans la nature.
4. Les énergies ______________ (insuffisantes / renouvelables) sont l'avenir de nos sociétés.
5. Symboliquement, l' ______________ (arc-en-ciel / araignée) est comme un pont entre la terre et le ciel.

3 Notre monde Complétez les phrases de manière logique avec le vocabulaire de la liste. (5 x 2 pts. each = 10 pts.)

archipel	**déchets**
barrière de corail	**jetables**
chassée	**potable**
en voie d'extinction	**pur**
est contaminée	**respirer**

1. Une espèce ____________ ne doit pas être ____________.
2. Ne buvez pas cette eau. Elle ____________ et elle n'est pas ____________.
3. Les objets ____________ sont ceux qui créent le plus de ____________.
4. Toutes les îles de cet ____________ ont une ____________.
5. À la campagne, on peut ____________ le bon air ____________.

Nom ____ Date ____________________

Leçon 10

VOCABULARY QUIZ II

1 Les antonymes Pour chaque terme, trouvez le mot ou l'idée de sens opposé. (5 x 2 pts. each = 10 pts.)

1. gaspiller
   a. préserver   b. jeter
2. protéger
   a. empirer   b. chasser
3. sécheresse
   a. inondation   b. incendie
4. préserver
   a. menacer   b. prévenir
5. pure
   a. potable   b. polluée

2 La nature Finissez les phrases pour exprimer votre opinion. (3 x 2 pts. each = 6 pts.)

1. Un de mes animaux préférés est ____.
2. Pour moi, la nature, c'est ____.
3. Je n'ai jamais vu de/d' ____.

3 Notre monde Quels problèmes écologiques existent aujourd'hui? Écrivez un paragraphe pour décrire quelques problèmes de l'environnement ou catastrophes naturelles récents. Utilisez des exemples locaux, nationaux ou du monde entier. (4 pts.)

____

____

____

____

____

____

____

____

____

____

____

____

____

Nom ______________________________ Date ____________________

Leçon 10

GRAMMAR 10.1 QUIZ I
The past conditional

1 Dans la nature Conjuguez les verbes entre parenthèses au conditionnel passé pour compléter les phrases. (6 x 1 pt. each = 6 pts.)

1. J'ai pensé que tu ____________ (entendre) parler de la déforestation à cette conférence.
2. Si vous aviez fait plus attention, vous ____________ (se rendre compte) que cette rivière était polluée.
3. Avec l'aide de la communauté internationale, on ____________ (résoudre) le problème plus vite.
4. Il y a cinquante ans, nous ____________ (ne pas hésiter) à jeter nos déchets dans la nature.
5. Ils sont restés chez eux au cas où le nuage de pollution ____________ (venir) dans cette direction.
6. Si l'air avait été moins pollué, j' ____________ (respirer) plus facilement.

2 Pas sûr Ces événements passés ne sont pas certains. Conjuguez les verbes entre parenthèses au conditionnel passé. (4 x 1 pt. each = 4 pts.)

1. D'après les spécialistes, cet ouragan ____________ (être) plus violent que les précédents.
2. L'année dernière, le trou de la couche d'ozone ____________ (atteindre) une superficie record.
3. Les pluies acides ____________ (tuer) tous les poissons de ce lac.
4. Le réchauffement climatique ____________ (devenir) le problème écologique le plus pressant pour les Français.

3 Hier aussi Mettez les phrases au conditionnel passé pour exprimer des regrets ou des reproches sur la journée d'hier. (5 x 2 pts. each = 10 pts.)

1. Tu dois arrêter de gaspiller l'eau.
   Hier aussi, ____
   ____
2. Vous pouvez baisser votre consommation d'électricité.
   Hier aussi, ____
   ____
3. Il aime préserver son bien-être en faisant un tour dans la nature.
   Hier aussi, ____
   ____
4. Ils veulent respirer un peu d'air pur.
   Hier aussi, ____
   ____
5. Nous ne devons pas tolérer ce problème.
   Hier non plus, ____
   ____

Nom ______________________________ Date ______________

Leçon 10

GRAMMAR 10.1 QUIZ II
The past conditional

1 Pas sûr Ces événements passés ne sont pas certains. Conjuguez les verbes entre parenthèses au conditionnel passé. (5 x 1 pt. each = 5 pts.)

1. Les tigres ___________ (partir) de cette région.
2. L'incendie ___________ (détruire) plus de la moitié de la forêt en deux heures seulement.
3. Ce fleuve ___________ (être) contaminé avec des hydrocarbures (*hydrocarbons*).
4. La Norvège ___________ (interdire) la chasse à l'ours polaire.
5. Les élèves de cette école ___________ (s'intéresser) au problème en premier.

2 Avant Mettez les phrases au conditionnel passé pour exprimer des regrets ou des reproches sur ce qui s'est passé il y a 20 ans. (5 x 2 pts. = 10 pts.)

1. Nous ne devons pas gaspiller les ressources naturelles.
   Il y a 20 ans, ______________________________
   ____
2. On peut urbaniser plus intelligemment.
   Il y a 20 ans, ______________________________
   ____
3. Le gouvernement aime interdire l'utilisation de ces combustibles.
   Il y a 20 ans, ______________________________
   ____
4. Ils veulent savoir comment prévenir les incendies.
   Il y a 20 ans, ______________________________
   ____
5. Vous pouvez créer des parcs naturels.
   Il y a 20 ans, ______________________________
   ____

3 Les catastrophes naturelles Qu'est-ce qu'on aurait pu ou dû faire pour mieux gérer les catastrophes naturelles les plus récentes? Pensez à des événements régionaux, nationaux ou internationaux, et expliquez comment, à votre avis, on aurait pu mieux aider la population locale. (5 pts.)

____
____
____
____
____
____

Nom ______________________________ Date ______________

Leçon 10

GRAMMAR 10.2 QUIZ I
The future perfect

1 À reconstituer Combinez chaque début de phrase de la liste **A** avec la fin appropriée de la liste **B**. (5 x 2 pts. each = 10 pts.)

A

_______ 1. On s'intéressera aux énergies renouvables quand on…

_______ 2. Ces forêts iront mieux lorsque les pluies acides…

_______ 3. Vos déchets seront trop nombreux tant que vous…

_______ 4. Les poissons reviendront vivre au lac dès que nous…

_______ 5. Les habitants pourront rentrer quand l'ouragan…

B

a. auront cessé dans la région.

b. sera passé.

c. aura utilisé tout ce combustible.

d. l'aurons nettoyé.

e. n'aurez pas appris à recycler.

2 D'ici 2025 Conjuguez les verbes entre parenthèses au futur antérieur pour dire ce qui aura été fait avant 2025. (5 x 1 pt. each = 5 pts.)

1. Tu ___________ (remplacer) ta voiture à essence par une voiture électrique.
2. Le gouvernement ___________ (choisir) de mieux gérer les ressources en eau du pays.
3. Les scientifiques ___________ (comprendre) comment le réchauffement climatique marche exactement.
4. Les gens ___________ (s'apercevoir) qu'il vaut mieux protéger l'environnement.
5. Vous ___________ (interdire) l'utilisation de plusieurs produits toxiques.

3 La nature Conjuguez les verbes entre parenthèses au futur antérieur pour compléter les phrases. (5 x 1 pt. each = 5 pts.)

1. Aussitôt que les tigres ___________ (quitter) cette forêt, les singes ne seront plus menacés.
2. Quand on ___________ (épuiser) toutes les ressources de la mer, il n'y aura plus de poissons.
3. Dès que la Lune ___________ (entrer) dans son dernier quartier, nous pourrons voir Mars.
4. Tant que le soleil ___________ (ne pas se lever), les animaux ne sortiront pas.
5. On apercevra peut-être un arc-en-ciel une fois qu'il ___________ (commencer) à pleuvoir.

Nom ______________________ Date ______________

Leçon 10

GRAMMAR 10.2 QUIZ II
The future perfect

1 Dans la nature Conjuguez les verbes entre parenthèses au futur antérieur pour compléter les phrases. (5 x 1 pt. each = 5 pts.)

1. Dès que le nuage de pollution _____________ (disparaître), nous pourrons apercevoir le ciel.
2. Quand le niveau des mers _____________ (augmenter) d'un mètre, cet archipel n'existera plus.
3. Tant qu'il _____________ (ne pas pleuvoir), les risques d'incendies seront importants.
4. Une fois que nous _____________ (quitter) la rivière, le paysage sera très différent.
5. Aussitôt que les lions _____________ (partir), les autres animaux viendront boire.

2 La planète Complétez les phrases en utilisant le futur antérieur pour donner votre opinion sur l'avenir de la planète. (5 x 2 pts. each = 10 pts.)

1. Dans 100 ans, le réchauffement climatique ______________________
____
2. Quand j'aurai 30 ans, ______________________
____
3. Bientôt, on ______________________
____
4. Je serai content(e) quand ______________________
____
5. On se sentira tous mieux quand ______________________
____

3 Dans cinq ans Qu'aurez-vous fait d'ici cinq ans? Écrivez un paragraphe pour décrire ce qui vous sera arrivé et ce que vous aurez accompli, si tout va bien. Mentionnez au moins cinq évènements. (5 pts.)

____
____
____
____
____
____
____
____

Nom ______________________________ Date ______________

Leçon 10

GRAMMAR 10.3 QUIZ I
Si clauses

1 Les problèmes Associez chaque élément de la colonne **A** avec le bon élément de la colonne **B** pour reconstituer les phrases. (5 x 2 pts. each = 10 pts.)

	A	B
________	1. Si la température de la mer continue à augmenter...	a. le dodo existerait encore aujourd'hui.
________	2. L'ours polaire mourrait....	b. si l'air est trop pollué.
________	3. S'il n'avait pas été victime de la chasse...	c. si la banquise (*ice)* disparaissait.
________	4. Si on avait su qu'il y avait des inondations dans ce coin...	d. cette barrière de corail sera menacée.
________	5. Ils resteront chez eux...	e. on n'aurait pas acheté notre maison ici.

2 À finir Choisissez la fin de phrase correcte. (5 x 2 pts. each = 10 pts.)

________ 1. Si on continue à polluer cette rivière...
a. tous les poissons seraient partis.
b. tous les poissons partiront.
c. tous les poissons partaient.

________ 2. Si on avait compris qu'ils détruisaient la couche d'ozone...
a. on interdira les CFC plus tôt.
b. on interdirait les CFC plus tôt.
c. on aurait interdit les CFC plus tôt.

________ 3. On doit créer plus de parcs naturels...
a. si on veut protéger les espèces en voie d'extinction.
b. si on voulait protéger les espèces en voie d'extinction.
c. si on aurait voulu protéger les espèces en voie d'extinction.

________ 4. Si le réchauffement climatique continue...
a. il y aurait encore plus d'inondations et d'ouragans.
b. il y avait encore plus d'inondations et d'ouragans.
c. il y aura encore plus d'inondations et d'ouragans.

________ 5. Si les pluies acides empiraient...
a. une partie de la forêt canadienne pourrait disparaître.
b. une partie de la forêt canadienne pourra disparaître.
c. une partie de la forêt canadienne peut disparaître.

Nom ______________________ Date ______________

Leçon 10

GRAMMAR 10.3 QUIZ II
Si clauses

1 Si seulement! Exprimez trois regrets ou souhaits liés aux problèmes d'environnement et à l'état de la planète. (3 x 2 pts. each = 6 pts.)

Modèle

Ah, si seulement on pouvait arrêter la déforestation en Amazonie!

1. Si ______________________
2. Si ______________________
3. Ah, si ______________________

2 Et si? Faites trois suggestions à vos camarades de classe pour aider à protéger l'environnement. (3 x 2 pts. each = 6 pts.)

Modèle

Si on recyclait nos bouteilles plastiques?

1. Si ______________________
2. Si ______________________
3. Et si ______________________

3 Si je pouvais Que feriez-vous si vous étiez ministre de l'environnement et que vous pouviez prendre cinq décisions importantes pour protéger l'environnement dans votre pays? Que changeriez-vous, et pourquoi? Utilisez des phrases avec **si**. (8 pts.)

____

Nom ______________________________ Date ______________

Leçon 10

LESSON TEST

1 Un safari-photo Vous allez entendre une annonce publicitaire pour des safaris-photos. Écoutez-la attentivement, puis répondez aux questions par des phrases complètes. (6 x 2 pts. = 12 pts.)

1. À qui s'adresse cette publicité?
____
2. Quelles «aventures» cette publicité propose-t-elle?
____
3. Quel voyage faut-il choisir si on veut voir des animaux en liberté?
____
4. Quels animaux peut-on voir au parc Kruger?
____
5. Qu'est-ce qu'on peut faire à Airlie Beach?
____
6. Qu'est-ce qu'un safari-photo?
____

2 Catégories Indiquez la catégorie qui correspond à chaque mot. (10 x 1 pt. = 10 pts.)

	la nature	**les animaux**	**les phénomènes naturels**
1. un cochon			
2. un ouragan			
3. une araignée			
4. une inondation			
5. une forêt			
6. un mouton			
7. un récif de corail			
8. la sécheresse			
9. un incendie			
10. un fleuve			

3 À relier Faites correspondre les éléments des deux colonnes pour former des phrases cohérentes. (6 x 2 pts. = 12 pts.)

_____ 1. Si tu allais au zoo, ...
_____ 2. Si tu étais plus riche, ...
_____ 3. Si tu étais arrivé à l'heure, ...
_____ 4. Si tu te dépêches, ...
_____ 5. Si tu vois des déchets par terre, ...
_____ 6. Si tu avais su la réponse, ...

a. le prof ne serait pas en colère.
b. je t'emmène au bureau.
c. jette-les à la poubelle.
d. tu pourrais voir des lions.
e. tu n'aurais pas posé la question.
f. tu pourrais faire un safari.

Nom ______________________________ Date ______________

4 Une journée chargée Complétez ces phrases en écrivant ce qu'on aura déjà fait aux heures indiquées. (6 x 2 pts. = 12 pts.)

Modèle

À midi, mon frère ***aura déjà mangé.***

À midi, ...

1. je/j' ______________________________
2. mon prof de français ______________________________
3. mon ami(e) ______________________________

À six heures du soir, ...

4. mes amis et moi ______________________________
5. mon/ma voisin(e) ______________________________
6. mes parents ______________________________

5 Si... Complétez ces phrases en employant le conditionnel passé. (6 x 2 pts. = 12 pts.)

Modèle

Si mon frère avait pu, ***il serait venu avec nous.***

1. Si j'avais su, je/j' ______________________________.
2. S'il n'avait pas plu le week-end dernier, on ______________________________.
3. Si nous avions eu plus de vacances, nous ______________________________.
4. Si tu n'avais pas choisi d'étudier le français, tu ______________________________.
5. Si le professeur était arrivé une demi-heure en retard, nous ______________________________.
6. Si le président n'avait pas gagné les élections, on ______________________________.

6 Suggestion ou souhait? Utilisez **si...** pour réécrire ces phrases selon les modèles. (5 x 2 pts. = 10 pts.)

Modèle

Étudions ensemble!
Si on étudiait ensemble?

J'aimerais parler français!
Si seulement je parlais français!

1. Faisons une promenade!
____
2. J'aimerais être plus grand!
____
3. Allons à la mer!
____
4. J'aimerais avoir une grande maison!
____
5. Restons à la maison!
____

Nom ______________________________ Date ______________

LECTURE

Histoires d'électricité

La compagnie d'électricité avait des problèmes. La centrale était vieille: c'était un ancien modèle qui marchait encore au charbon. Et puis, son état avait tellement empiré qu'on avait décidé de ne l'utiliser qu'à la moitié de sa capacité pour prévenir tout accident. Heureusement, une nouvelle centrale était en construction. Comme elle serait plus moderne, elle serait moins polluante et ses déchets moins toxiques. En attendant, il fallait vivre avec les restrictions. Les gens faisaient attention à ne pas gaspiller l'électricité pendant la journée pour protéger les maigres réserves. Presque tous les soirs, le courant (*power*) était coupé pendant trois ou quatre heures, qu'on passait dans le noir. Mon père riait en disant qu'au moins, notre consommation serait bien réduite et que la facture (*bill*) serait moins élevée (*high*). On s'intéressait aussi sérieusement à d'autres sources d'énergie. Les voisins, par exemple, avaient déjà fait installer des panneaux solaires tout neufs sur leur toit. Une vraie source d'énergie renouvelable et propre.

Mes copains et moi, nous avions décidé d'en profiter pour passer nos soirées en plein air. On se retrouvait le soir autour d'un feu de bois dans un endroit bien dégagé (*open*). Comme les lumières de la ville étaient éteintes, nous pouvions passer des heures à observer les étoiles. Un plaisir rare, car plus les paysages s'urbanisent, plus il est difficile d'apercevoir le ciel, la nuit. Nous jouions à y reconnaître des animaux, ici un cochon, là un lion et là-bas un singe. Nous étions entourés des bruits de la nuit et du chant d'une espèce protégée de grenouilles (*frogs*) nocturnes. On entendait aussi la rivière toute proche et au loin quelquefois, la mer. Les nuits de pleine Lune, le paysage devenait magique. Nous apercevions alors la chaîne montagneuse et sa forêt qui faisaient des ombres (*shadows*) fantastiques. Pour nous, ces coupures (*cuts*) de courant avaient vraiment du bon!

1 Compréhension Répondez aux questions par des phrases complètes. (6 x 1 pt. = 6 pts.)

1. Quel était un des problèmes de la compagnie d'électricité?

____

2. Avec la nouvelle centrale, qu'est-ce qui serait moins toxique?

____

3. Que réduisaient le narrateur et sa famille, le soir?

____

4. Où est-ce que l'auteur passait ses soirées?

____

5. Qui reconnaissait des animaux dans le ciel, la nuit?

____

6. Pourquoi les coupures de courant avaient-elles du bon, selon le narrateur?

____

Nom ____ Date ____________________

2 Et vous? Racontez ce qui s'est passé un jour où vous n'aviez pas l'électricité. Écrivez au moins six phrases. (6 pts.)

RÉDACTION

Racontez ce qui s'est passé pendant un phénomène naturel que vous avez vécu (un orage, un incendie, une inondation ou un ouragan par exemple). Est-ce que vous avez eu peur? Qu'est-ce que vous avez fait? (Si vous n'avez jamais vécu de phénomène naturel impressionant, inventez ce qui se serait passé.) Écrivez au moins dix phrases à l'aide du vocabulaire de la leçon. (20 pts.)

Nom ______________________________ Date ______________

OPTIONAL TESTING SECTIONS

Leçon 10
Court métrage

À la fin de *L'homme qui plantait des arbres*, le narrateur dit qu'il trouve la condition humaine admirable. Écrivez quatre ou cinq phrases dans lesquelles vous expliquez pourquoi.

____

____

____

____

____

Imaginez
La Polynésie française, la Nouvelle-Calédonie, l'Asie

1. 2. 3.

Choisissez une de ces photographies et décrivez en trois phrases ce qu'elle représente. Basez-vous sur ce que vous avez appris dans la section **Imaginez.**

____

____

____

Galerie de Créateurs

Écrivez un paragraphe pour décrire la vie et l'œuvre de Rithy Panh. De quelle nationalité est-il? Qu'est-ce qui a toujours forgé l'inspiration de cet artiste? Qu'est-ce que le S21? Qu'est-ce que Rithy Panh essaie de ressusciter?

____

____

____

____

____

____

____

____

____

____

____

____

Nom ______________________ Date ______________

Exam: Leçons 6–10

Leçons 6–10

EXAM

1 Un voyage d'affaires Vous allez entendre une conversation. Écoutez-la attentivement, puis répondez aux questions par des phrases complètes. (8 x 1 pt. = 8 pts.)

1. Quand Olivier part-il en voyage?
2. Où va-t-il?
3. Pourquoi y va-t-il?
4. Que se passe-t-il à dix heures demain matin?
5. Qu'est-ce que tante Martine lui recommande d'emporter?
6. Qu'est-ce que tante Martine est surprise de voir dans la valise?
7. Qu'est-ce qu'Olivier va faire après son entretien?
8. Quel dernier conseil tante Martine donne-t-elle à Olivier?

2 À vous! Écrivez cinq phrases en utilisant les éléments des deux colonnes. Ajoutez une terminaison logique et tous les autres éléments nécessaires. (5 x 1 pt. = 5 pts.)

A		B	
je	mes parents	apprendre	dire
tu	mes amis et moi	craindre	écrire
mon prof		croire	suivre

1. ______
2. ______
3. ______
4. ______
5. ______

3 Le subjonctif ou l'indicatif? Finissez les phrases en utilisant le subjonctif ou l'indicatif, selon le contexte. (5 x 1 pt. = 5 pts.)

1. Il est douteux que/qu' ______.
2. Je suis sûr(e) que/qu' ______.
3. Nous espérons que/qu' ______.
4. Nous viendrons à sa fête, pourvu que/qu' ______.
5. Il se peut que/qu' ______.

Nom ______________________ Date ______________

4 Les comparaisons Comparez-vous à votre meilleur(e) ami(e). Dites en quoi vous êtes similaires ou différent(e)s. Utilisez les mots de la liste et ajoutez les éléments nécessaires. (6 x 1 pt. = 6 pts.)

aussi	**meilleur**
bien / mal	**mieux**
bon / mauvais	**plus / moins**
franc	**sérieux**
grand	**timide**
idéaliste	

1. ______________________
2. ______________________
3. ______________________
4. ______________________
5. ______________________
6. ______________________

5 Dans 10 ans Imaginez votre vie dans 10 ans. Utilisez le futur simple. (6 x 1 pt. = 6 pts.)

connaître	**inventer**
contribuer à	**obtenir**
déménager	**pouvoir**
gagner	**profiter de**
hériter	**surmonter**

Dans 10 ans, ...

1. ______________________
2. ______________________
3. ______________________
4. ______________________
5. ______________________
6. ______________________

Nom ______________________________ Date ____________________

6 Un tour du monde Choisissez la bonne préposition pour compléter chaque phrase. (6 x 1 pt. = 6 pts.)

1. Mes frères ont voyagé ______________ Amérique
   a. en b. au c. à d. aux
2. Tu vas ______________ Sénégal?
   a. en b. au c. à d. aux
3. Mon ami habite ______________ Dallas.
   a. en b. au c. à d. aux
4. Ton père vient ______________ Italie?
   a. de b. du c. des d. d'
5. Vous arrivez ______________ Californie?
   a. de b. du c. des d. d'
6. J'ai pris l'avion ______________ Paris.
   a. en b. à c. au d. du

7 Si... Finissez les phrases en utilisant le conditionnel. (6 x 1 pt. = 6 pts.)

1. Si je pouvais vivre n'importe où, je/j'...
   ____
2. S'il y avait un ouragan dans ma ville, on...
   ____
3. S'il n'y avait pas de classe la semaine prochaine, mes amis et moi...
   ____
4. Si Internet n'existait pas, les gens...
   ____
5. Si tu gagnais beaucoup d'argent, tu...
   ____
6. Si vous pouviez changer le monde, vous...
   ____

8 Je cherche un emploi Écrivez une conversation entre un conseiller et un élève qui va bientôt recevoir son diplôme et qui cherche un job d'été. Le conseiller pose au moins six questions. Utilisez le vocabulaire de la liste. (6 x 1 pt. = 6 pts.)

le caractère	**être sous pression**	**informatique**
compétent	**formation**	**un poste**
diriger	**exigeant**	**valoir la peine**

____

____

____

____

____

____

____

Nom ______________________ Date ______________

9 Complétez Complétez les phrases à l'aide d'un participe présent. (6 x 1 pt. = 6 pts.)

1. Je vais en cours en ______________.
2. Mon ami ne peut pas manger en ______________.
3. Je peux faire mes devoirs tout en ______________.
4. C'est une mauvaise idée de conduire en ______________.
5. Mon ami chante tout en ______________.
6. Mon père gagne sa vie en ______________.

10 Les verbes en -oir Créez des phrases en utilisant le présent de six verbes de la liste. (6 x 1 pt. = 6 pts.)

apercevoir	**percevoir**	**savoir**
s'asseoir	**pleuvoir**	**voir**
devoir	**pouvoir**	**vouloir**
falloir	**recevoir**	

1. ______________________________
2. ______________________________
3. ______________________________
4. ______________________________
5. ______________________________
6. ______________________________

11 L'environnement Faites cinq suggestions pour dire ce qu'on doit faire pour conserver les ressources naturelles et protéger l'environnement. (5 x 1 pt. = 5 pts.)

économiser	**polluer**	**renouvelable**
le gaspillage	**prévenir**	**rivière**
jetable	**résoudre**	**terre**

1. Il faut que/qu'... ______________________________.
2. Il faut que/qu'... ______________________________.
3. Il faut que/qu'... ______________________________.
4. Il faut que/qu'... ______________________________.
5. Il faut que/qu'... ______________________________.

Nom ______________________________ Date ____________________

12 À compléter Complétez ces phrases en employant le conditionnel passé. (5 x 1 pt. = 5 pts.)

1. Si mes parents avaient su ce qu'ils savent maintenant, ils ______________________.
2. S'il n'avait pas neigé hier, je/j' ______________________.
3. Si tu avais eu moins de devoirs le week-end dernier, tu ______________________.
4. Si nous n'avions pas choisi d'étudier le français, nous ______________________.
5. Si mon ami n'avait pas réussi à son examen, il ______________________.

LECTURE

Réunion des anciens

Qui l'aurait cru? Quinze ans déjà qu'ils ne s'étaient pas vus, quinze ans depuis leurs années de lycée. Avaient-ils beaucoup vieilli? Bientôt, ils connaîtraient la réponse. Ils sauraient combien la vie les avait changés, maintenant qu'ils avaient tous rejoint l'âge adulte. Par petits groupes, ils bavardaient et riaient bruyamment en se rappelant les bons moments.

Comme toujours dans une fête, Éric se sentait plutôt gêné et il avait peur que les autres s'en aperçoivent. Quand il était entré tout à l'heure, il avait même cru un instant que les rires devenaient plus forts. Il n'a jamais été à son aise dans la foule. Pourtant, il appréciait de revoir tous ces amis qui avaient tant compté dans sa jeunesse. Mentalement, il fit la liste de ce qu'il savait d'eux. Marjorie et Pierrot s'étaient mariés, mais Éric doutait que tout aille bien entre les deux époux. Sylvain faisait toujours autant de sport. Il participerait même à sa 40e course cycliste le mois prochain. Patricia avait l'air heureuse: elle travaillait dans la recherche génétique, ce qu'elle avait toujours voulu faire. François aussi avait réalisé son rêve: voyager dans le monde entier pour protéger la nature et défendre l'environnement. Éric se demandait où il trouvait l'énergie d'être toujours en voyage. Plus tôt dans la soirée, ils avaient discuté et François avait proposé qu'Éric vienne avec lui dans sa prochaine expédition en Asie. Pas question! D'abord, Éric n'aimait pas quitter la maison. Ensuite, s'il partait avec lui cette fois-ci, il n'aurait plus jamais la paix. François le rappellerait dès qu'il aurait un autre projet. Éric en était sûr, il le connaissait bien. Pour se changer les idées, il prit un canapé (*hors d'œuvre*) au saumon. En relevant la tête, il la vit: Vanessa était arrivée!

1 Compréhension Choisissez la personne qui correspond à chaque description. (6 x 1 pts. = 6 pts.)

_______ 1. Il/Elle ne s'est jamais senti(e) à l'aise dans la foule.
a. Éric b. Marjorie c. Sylvain d. Patricia e. François

_______ 2. Il/Elle a proposé qu'Éric vienne avec lui/elle dans sa prochaine expédition en Asie.
a. Éric b. Marjorie c. Sylvain d. Patricia e. François

_______ 3. Il/Elle va participer à sa 40e course cycliste le mois prochain.
a. Éric b. Marjorie c. Sylvain d. Patricia e. François

_______ 4. Il/Elle fait de la recherche génétique.
a. Éric b. Marjorie c. Sylvain d. Patricia e. François

_______ 5. Il/Elle n'aime pas quitter la maison.
a. Éric b. Marjorie c. Sylvain d. Patricia e. François

_______ 6. Il/Elle protège la nature et défend l'environnement en voyageant dans le monde entier.
a. Éric b. Marjorie c. Sylvain d. Patricia e. François

Nom ______________________________ Date ________________

2 **Et vous?** Irez-vous aux réunions des anciens élèves de votre lycée? Qui d'autre viendra? Qu'est-ce qu'on y fera? Expliquez en trois ou quatre phrases à l'aide du futur simple, du conditionnel et de pronoms relatifs. (6 pts.)

____

____

____

____

____

RÉDACTION

Choisissez un thème de rédaction. (18 pts.)

Thème 1: Faites des prédictions sur l'avenir du monde. Décrivez en au moins six phrases comment sera la vie dans 50 ans (la technologie, les transports, les communications, la médecine, la société…), à l'aide du futur simple.

Thème 2: Comment serait votre vie si vous habitiez dans un endroit très différent de celui où vous habitez maintenant? Écrivez un paragraphe d'au moins six phrases à l'aide du conditionnel.

Thème 3: Racontez l'histoire de votre vie jusqu'à présent. Où avez-vous habité? Qu'avez-vous fait d'intéressant? Qui sont les personnes les plus importantes de votre vie? Écrivez au moins six phrases à l'aide de comparatifs, de superlatifs et de pronoms relatifs.

____

____

____

____

____

____

____

____

____

____

____

____

____

____

____

____

Nom ______________________ Date ______________

Leçons 1–10

EXAM

1 Où passer ses vacances? Vous allez entendre une conversation. Écoutez-la attentivement, puis répondez aux questions par des phrases complètes. (8 x 1 pt. = 8 pts.)

1. Où Richard voudrait-il faire du camping?
____
2. Pourquoi Claudine ne veut-elle pas faire de camping?
____
3. Qu'est-ce que Richard voudrait faire dans les Pyrénées?
____
4. Pourquoi Claudine ne veut-elle pas aller à la montagne?
____
5. Qu'est-ce que Richard voudrait faire à la Martinique?
____
6. Pourquoi Claudine ne veut-elle pas aller à la Martinique?
____
7. Où Claudine propose-t-elle d'aller passer les vacances?
____
8. Qu'est-ce que Richard pense de son idée?
____

2 Vocabulaire Trouvez la définition qui correspond à chaque mot. (8 x 1 pt. = 8 pts.)

_____ 1. un chômeur	a. quelqu'un qui donne son avis aux autres
_____ 2. un télescope	b. quelqu'un qui ne sait pas s'amuser
_____ 3. un conseiller	c. ce qui se passe quand il y a trop de pluie
_____ 4. la sécheresse	d. ce qu'on utilise pour regarder les étoiles
_____ 5. un rabat-joie	e. quelqu'un qui n'a pas de travail
_____ 6. un loisir	f. ce qui se passe quand il n'y a pas assez de pluie
_____ 7. une expérience	g. ce qu'on pratique pour s'amuser
_____ 8. une inondation	h. ce qu'on fait pour prouver une théorie

3 Le plus-que-parfait Complétez chaque phrase pour dire ce qui s'était déjà passé au moment indiqué. Utilisez le plus-que-parfait. (5 x 1 pt. = 5 pts.)

1. Avant ma naissance, mes parents ______________________.
2. Quand j'allais à l'école primaire, je/j' ______________________.
3. Quand j'avais dix ans, je/j' ______________________.
4. À l'âge de douze ans, mon frère ma sœur ______________________.
5. Quand nous avons commencé nos études au lycée, mes amis et moi ______________________
______________________.

Nom ______________________ Date ______________

4 Les négations Écrivez six phrases à l'aide des négations de la liste. (6 x 1 pt. = 6 pts.)

ne... aucun(e)	ne... ni... ni...	ne... personne	ne... que
ne... jamais	ne... nulle part	ne... plus	ne... rien

1. ______________________
2. ______________________
3. ______________________
4. ______________________
5. ______________________
6. ______________________

5 Les articles Choisissez le bon article pour compléter ces phrases. (5 x 1 pt. = 5 pts.)

1. Tu as assez ______ argent?
   a. du b. de la c. de l' d. des e. de f. d'
2. Vous avez ______ courage!
   a. du b. de la c. de l' d. des e. de f. d'
3. Je n'ai pas ______ respect pour lui.
   a. du b. de la c. de l' d. des e. de f. d'
4. Il me faut ______ olives pour la salade.
   a. du b. de la c. de l' d. des e. de f. d'
5. Elle a pris deux kilos ______ pommes de terre.
   a. du b. de la c. de l' d. des e. de f. d'

6 Dans 15 ans... Comment imaginez-vous votre vie dans 15 ans? Utilisez le futur simple. (6 x 1 pt. = 6 pts.)

Dans 15 ans....

1. ______________________
2. ______________________
3. ______________________
4. ______________________
5. ______________________
6. ______________________

Nom ______________________ Date ______________

7 Votre routine Décrivez votre vie quotidienne à l'aide de cinq verbes réfléchis conjugués au présent. (5 x 1 pt. = 5 pts.)

____

____

____

____

____

____

____

____

8 L'ordre des pronoms Répondez aux questions à l'aide de pronoms pour remplacer les mots soulignés. (5 x 1 pt. = 5 pts.)

1. Qui s'occupe des billets?

   ____

2. Tu attends ton frère au centre-ville?

   ____

3. Vous allez expliquer la situation aux touristes?

   ____

4. Qui t'a parlé du problème?

   ____

5. Elle a envoyé des cartes postales à ses parents?

   ____

9 Subjonctif ou indicatif? Finissez les phrases à l'aide du subjonctif ou de l'indicatif, selon le contexte. (6 x 1 pt. = 6 pts.)

1. Il est douteux que/qu' ______________________.
2. Papa est sûr que/qu' ______________________.
3. J'espère que/qu' ______________________.
4. Il n'est pas vrai que/qu' ______________________.
5. Pensez-vous que/qu' ______________________?
6. Ma mère ne veut pas que ma sœur fasse du ski de peur qu'elle ______________________
   ______________________.

Nom ______________________________ Date ______________

10 Une dispute Écrivez les verbes entre parenthèses au passé composé ou à l'imparfait pour compléter le paragraphe. (10 x 1 pt. = 10 pts.)

Vendredi soir, mon frère et moi, nous nous (1) ______________ (se disputer). Je (2) ______________ (regarder) mon feuilleton préféré à la télé quand Paul (3) ______________ (entrer) dans le salon. Il (4) ______________ (prendre) la télécommande et il (5) ______________ (changer) de chaîne! Évidemment, il (6) ______________ (vouloir) regarder le match de foot. Je n' (7) ______________ (être) pas contente et je lui (8) ______________ (dire) ce que je pensais. Paul (9) ______________ (dire) qu'il ne (10) ______________ (savoir) pas que j'(11) ______________ (aimer) ce feuilleton et il (12) ______________ (partir) regarder le match dans sa chambre.

11 Quand j'étais petit(e) Décrivez en six phrases ce que vous faisiez quand vous étiez plus jeune. Employez au moins deux fois l'imparfait dans votre rédaction. (6 pts.)

____

____

____

____

____

____

____

____

____

____

____

____

12 À compléter Complétez ces phrases en employant le conditionnel passé. (6 x 1 pt. = 6 pts.)

1. Si mes parents avaient su, ils ______________.
2. S'il avait neigé hier, je/j' ______________.
3. Si tu avais eu moins de devoirs le week-end dernier, tu ______________.
4. Si nous n'avions pas choisi d'étudier le français, nous ______________.
5. Si mon ami n'avait pas réussi à son examen, il ______________.
6. Si on n'avait pas inventé Internet, les gens ______________.

Nom ______________________________ Date ______________

LECTURE

Une journée au festival

C'est le mois de mai et un petit groupe de jeunes étudiants en journalisme s'est rendu à Cannes pour faire un reportage sur le célèbre festival du cinéma. Ce festival est l'événement cinématographique marquant de l'année en France. Pendant une semaine, Cannes s'anime beaucoup et devient soudain très peuplée. Les rues de son centre-ville offrent des spectacles inattendus. Beaucoup de gens profitent de la sortie des films pour se divertir et s'amuser. Les jeunes reporters font le point (*recap*) à la fin de leur première journée de festival:

JÉRÔME J'ai réussi à assister à deux premières, aujourd'hui: un documentaire norvégien et une fiction acadienne qui s'inspirait d'un fait divers réel.

VALENTINE Quel film as-tu préféré?

JÉRÔME La fiction. Le documentaire était pareil à un long clip vidéo. Je me suis beaucoup ennuyé.

CLAUDE Est-ce que tu as pu voir des réalisateurs?

JÉRÔME Oui, et c'était vraiment intéressant! Celui de la fiction acadienne a répondu aux questions des spectateurs après la projection de son film. J'ai enregistré la conversation et j'ai plein d'informations pour mon article, maintenant.

CLAUDE C'est génial. Eh bien, Valentine et moi, nous avons interviewé une vedette!

JÉRÔME Vraiment, laquelle?

VALENTINE Michel Régent, le critique. Tu sais, celui qui a une chronique hebdomadaire dans plusieurs journaux. Nous nous trouvions devant le Grand Hôtel quand Claude a remarqué un petit panneau qui annonçait sa conférence de presse. On y est allé par curiosité et comme la salle était presque vide, on a pu s'entretenir directement avec lui. Il était très sympathique et nous avons passé un bon moment.

JÉRÔME Deux interviews en tout, ce n'est pas mal pour le premier jour. Nous avons eu de la chance. Espérons que ça va continuer!

1 Compréhension Répondez aux questions par des phrases complètes. (6 x 1 pts. = 6 pts.)

1. Qu'est-ce que le Festival de Cannes?

____

2. Pourquoi Jérôme, Valentine et Claude sont-ils allés au Festival de Cannes?

____

3. À combien de premières Jérôme a-t-il assisté?

____

4. Est-ce que le documentaire a amusé Jérôme?

____

5. Qui est Michel Régent?

____

6. Pourquoi les trois amis ont-ils eu de la chance?

____

Nom ______________________________ Date ______________

2 **Et vous?** Qui est votre vedette préférée? Si vous pouviez l'interviewer, quelles questions aimeriez-vous lui poser? Faites une liste de six questions pour votre entretien. (6 pts.)

____

____

____

____

____

RÉDACTION

Choisissez un thème de rédaction et écrivez un paragraphe de six phrases. (12 pts.)

Thème 1: Quels sont les avantages et les inconvénients d'habiter en ville et à la campagne? Où est-ce que vous préférez habiter? Pourquoi?

Thème 2: Quels sont les problèmes sociaux de votre ville ou de votre région? Est-ce qu'il y a des conflits entre les différentes cultures ou y vit-on paisiblement (*peacefully*)? À votre avis, quels efforts faut-il faire pour résoudre les problèmes associés à l'immigration?

Thème 3: Quel moyen de communication préférez-vous pour vous informer (la télé, Internet, les revues, les journaux, etc.)? Lequel préférez-vous pour vous divertir? Vos préférences ont-elles évolué depuis votre enfance ou votre adolescence? Expliquez.

____

____

____

____

____

____

____

____

____

____

____

____

____

____

____

____

____

LISTENING SCRIPTS TO LESSON TESTS

Leçon 1

LESSON TEST

J'en ai assez! Vous allez entendre une conversation entre Béatrice et Geneviève, son amie. Écoutez-la attentivement, puis répondez aux questions par des phrases complètes.

GENEVIÈVE Salut, Béatrice. Comment vas-tu? Tu as l'air fâchée. Qu'est-ce qui ne va pas?
BÉATRICE Oh, c'est mon frère, Michel, comme d'habitude.
GENEVIÈVE Ah, oui? Qu'est-ce qu'il a encore fait?
BÉATRICE Samedi soir, nous avions rendez-vous au restaurant La Belle Époque. Je l'ai attendu pendant une heure, mais il n'est jamais venu. Il m'a posé un lapin.
GENEVIÈVE Ce n'est pas vrai!
BÉATRICE Si! Avant de rentrer chez moi, je suis passée par son appartement. J'allais sonner à la porte, mais j'ai entendu de la musique et les voix de ses copains.
GENEVIÈVE Alors, qu'est-ce que tu as fait?
BÉATRICE Rien. Je suis rentrée. Je ne voulais pas avoir l'air ridicule. Et quand il m'a téléphoné, il a dit qu'il m'avait oubliée et qu'il avait invité des copains chez lui. Il m'a demandé pardon.
GENEVIÈVE Qu'est-ce que tu lui as répondu?
BÉATRICE Je lui ai expliqué que ce n'était vraiment pas sympa et que je ne répondrai plus à ses invitations à l'avenir.

1. Contre qui Béatrice est-elle fâchée?
2. Qu'est-ce qui se passe au restaurant La Belle Époque?
3. Où Béatrice va-t-elle avant de rentrer chez elle?
4. Qu'est-ce qu'elle entend?
5. Quelle est la réaction de Béatrice?

Leçon 2

LESSON TEST

Un petit mot de Paris Vous allez entendre une histoire. Écoutez-la attentivement, puis répondez aux questions par des phrases complètes.

Lisa, une étudiante américaine, est en vacances à Paris. Elle raconte ses aventures dans un e-mail à sa copine, Mireille.

Salut Mireille! Comment vas-tu? Ça fait deux semaines déjà que je suis à Paris. La ville est tellement belle! Je t'écris de chez Isabelle, ma copine parisienne et ma colocataire temporaire. L'appartement d'Isabelle est dans un ancien immeuble du 18e siècle. Il se trouve en banlieue, mais il y a une station de métro tout près. On arrive au centre-ville en quinze minutes. Pas loin d'ici, il y a une jolie place et une zone piétonne avec des boutiques et des cafés très animés.

À Paris, j'adore me promener. J'aime explorer les différents quartiers. Il y a beaucoup de circulation, bien sûr, et les embouteillages ne sont pas rares. C'est pour cette raison que je n'ai pas tellement envie de rouler en voiture à Paris, mais ça ne m'empêche pas de visiter la ville: je prends le métro ou bien l'autobus.

Un jour, je voulais aller au musée d'Orsay. Dans le métro, j'ai commencé à m'entretenir avec un autre passager et je ne suis pas descendue à la bonne station. J'étais perdue, mais j'ai demandé à une Parisienne où se trouvait le musée et elle m'a donné des indications. Je n'ai pas bien compris, alors elle m'a accompagnée jusqu'à l'entrée du musée. Quelle gentillesse inattendue! Bon, je dois y aller. Je t'embrasse très fort!

Lisa

1. Depuis quand Lisa est-elle à Paris ?
2. Où se trouve l'appartement d'Isabelle? Comment est l'immeuble?
3. Qu'est-ce qu'il y a près de l'appartement?
4. Quels moyens de transport Lisa préfère-t-elle prendre à Paris?
5. Qu'est-ce que Lisa aime faire à Paris?
6. Qu'est-ce qui se passe le jour où Lisa veut aller au musée d'Orsay?

Leçon 3

LESSON TEST

À la télé Vous allez entendre une annonce. Écoutez-la attentivement, puis répondez aux questions par des phrases complètes.

Voici le programme de ce soir sur la chaîne 7:

18h00: Le journal télévisé avec Ingrid Laroche

19h00: *Les blogs et les jeunes*, un reportage de Gérard Brevet. Cette émission est un documentaire sur le développement rapide de ce moyen de communication qui a révolutionné la vie quotidienne des jeunes de 10 à 20 ans.

20h15: Entretien avec Lance Armstrong, ancien champion controversé du Tour de France, et notre journaliste sportif, Michel Hublot.

21h30: *Qu'en pensez-vous?* avec le critique de cinéma Albert Toulon. Ce soir, Monsieur Toulon vous dit ce qu'il pense de *Deux Semaines à Baghdad*, le nouveau film du célèbre réalisateur Jean- François Goulet.

22h00: Retrouvez vos personnages préférés dans le feuilleton *Jour après jour*.

23h00: Les vidéoclips de quelques nouvelles vedettes de la chanson.

La chaîne 7 vous souhaite une très bonne soirée en sa compagnie.

1. À quelle heure passent les nouvelles?
2. *Les blogs et les jeunes* est une émission de quel genre?
3. Avec qui Michel Hublot a-t-il un entretien?
4. Que fait Albert Toulon?
5. Quelle est la profession de Jean-François Goulet?
6. Comment s'appelle le feuilleton qui passe à vingt-deux heures?

Leçon 4

LESSON TEST

Reportage Vous allez entendre un reportage. Écoutez-le attentivement, puis répondez aux questions par des phrases complètes.

Le juge a condamné Philippe Norbert à cinq ans de prison, aujourd'hui. Après une heure et demie de délibération, les jurés l'ont déclaré coupable d'avoir kidnappé Madame Sylvie Dufresne, femme du député Richard Dufresne.

Cela s'est passé trois jours après la victoire du candidat de droite aux dernières élections.

Au tribunal, pour défendre son client, l'avocat de Monsieur Norbert a déclaré que des terroristes avaient enlevé Sylvie Dufresne chez elle, qu'ils avaient téléphoné à son mari et qu'ils avaient essayé de lui faire du chantage. Selon l'avocat, Philippe Norbert venait au secours de Sylvie Dufresne quand la police est arrivée.

Devant le tribunal, la victime a dit que, pendant sa captivité, Philippe Norbert l'avait menacée et qu'elle avait souvent eu peur qu'il la tue. Elle était sûre d'avoir entendu Philippe Norbert plaisanter avec les terroristes. Quand le juge a prononcé le verdict, Madame Dufresne a déclaré son approbation. «Justice est faite», a-t-elle affirmé. Dans la rue, des militants de gauche ont dit que Philippe Norbert était innocent, parce qu'il était analphabète et qu'il avait été la victime d'un complot politique.

1. Pendant combien de temps est-ce que Philippe Norbert va être emprisonné?
2. Quel crime a-t-il commis? Qui en est la victime?
3. Quand cela s'est-il passé?
4. Qu'est-ce que l'avocat a dit pour défendre Philippe Norbert?
5. Que pense la victime de la punition?
6. Pourquoi est-ce que des militants ont dit qu'il était innocent?

Leçon 5

LESSON TEST

Entretien Vous allez entendre un entretien entre un reporter et un immigré. Écoutez-le attentivement, puis répondez aux questions par des phrases complètes.

REPORTER Bonjour, Monsieur. Quand êtes-vous arrivé en France?
IMMIGRÉ Je suis arrivé il y a quatre ans, avec ma femme et mes deux enfants.
REPORTER Pourquoi avez-vous quitté votre pays?
IMMIGRÉ J'ai quitté mon pays pour trouver un travail mieux payé et plus de liberté. Je voulais que ma famille ait un meilleur niveau de vie.
REPORTER Pouvez-vous nous expliquer pourquoi il est plus difficile de vivre dans votre pays d'origine qu'ici?
IMMIGRÉ Dans mon pays, il y a une grande instabilité sociale et politique. Les couches sociales les plus basses connaissent souvent la maltraitance. Et à cause de ces problèmes internes, c'est un pays défavorisé qui a du mal à développer son économie et son commerce. Je ne veux pas que mes enfants vivent dans le chaos et l'incertitude.
REPORTER Vous avez quelquefois le mal du pays?
IMMIGRÉ De temps en temps, oui, bien sûr. Nous nous sommes installés à Marseille et nous appartenons à une communauté de gens qui parlent notre langue.
REPORTER Pourquoi?
IMMIGRÉ Je veux que mes enfants connaissent le patrimoine culturel de notre pays.
REPORTER Pensez-vous que l'intégration des immigrés dans leur nouveau pays d'adoption soit importante?
IMMIGRÉ Oui, elle est très importante. Nous faisons des efforts pour nous adapter. Mon fils est maintenant à l'université et ma fille va au lycée. Ils bénéficient du système éducatif français, qui est excellent dans l'ensemble. Ils sont très heureux de vivre ici.
REPORTER Je vous remercie de nous avoir raconté votre histoire, Monsieur.
IMMIGRÉ Je vous en prie.

1. Quand l'immigré est-il arrivé en France?
2. Qui est venu avec lui?
3. Pourquoi est-il venu en France?
4. Comment est la vie dans son pays d'origine?
5. Pourquoi est-ce qu'il appartient à une communauté de gens qui parlent sa langue?
6. Qu'est-ce qu'il pense du système éducatif français?

Leçon 6

LESSON TEST

Un repas en famille Vous allez entendre le monologue d'une femme, Caroline, qui a invité sa famille à dîner. Écoutez-le attentivement, puis répondez aux questions par des phrases complètes.

Oh là là! C'est bientôt l'anniversaire de ma belle-mère, Joséphine. J'ai invité toute la famille à dîner chez moi! Je commence déjà à regretter ma décision. Nous ne sommes pas une famille très unie. Depuis la mort de mon père, Joséphine est devenue tellement exigeante qu'elle mérite bien le surnom d'«Impératrice». Et puis, il y a Robert, mon frère rebelle: depuis notre enfance, nous ne nous entendons pas bien. Ses enfants, Michel et Christophe, sont très mal élevés. Ils sont jumeaux et ils sont comme leur père, de vrais petits voyous! Robert les gâte trop et ne les punit pas assez. Son épouse, Chantal, est complètement soumise. Elle souffre sans doute d'un complexe d'infériorité. Et puis, il y a notre grand-oncle Louis, l'oncle de mon père. Il est très autoritaire et ne respecte pas l'opinion des autres. Il nous traite tous avec condescendance. Il est vraiment insupportable!

1. Pourquoi est-ce que Caroline a invité sa famille à dîner chez elle?
2. Comment est sa belle-mère depuis la mort de son père?
3. Caroline et son frère Robert ont-ils de bons rapports entre eux?
4. Comment sont la femme et les enfants de Robert, Michel et Christophe?
5. Comment est le grand-oncle Louis?

Leçon 7

LESSON TEST

Un message important Vous allez entendre un message téléphonique. Écoutez-le attentivement, puis répondez aux questions par des phrases complètes.

Bonjour. Vous êtes chez Benoît. Laissez-moi un message et je vous rappellerai dès que possible. Merci.

Salut, Benoît. C'est moi, Jean-Marc. Écoute, j'ai un problème avec mon ordinateur portable. J'avais téléchargé des photos de mon appareil photo et j'étais en train de les copier sur une clé USB quand mon ordinateur a cessé de fonctionner. En plus, j'avais commencé une dissertation pour mon cours d'histoire, mais je ne l'avais pas sauvegardée. J'espère que je ne l'ai pas perdue. Comme tu es informaticien, je pensais que tu pourrais m'aider. Appelle-moi aussitôt que possible, s'il te plaît.

Merci et à bientôt, j'espère.

1. Pour quelle raison Jean-Marc appelle-t-il Benoît?
2. Qu'est-ce que Jean-Marc avait fait, à l'aide de son appareil photo?
3. Qu'est-ce qu'il était en train de faire au moment où le problème s'est présenté?
4. Jean-Marc a un deuxième problème. Quel est ce problème?
5. Pourquoi Jean-Marc pense-t-il que Benoît peut l'aider?
6. Qu'est-ce que Jean-Marc demande à Benoît de faire?

Leçon 8

LESSON TEST

Les passe-temps François parle de ses amis et de leurs passe-temps. Écoutez attentivement François, puis choisissez la personne à laquelle correspond chaque affirmation.

Demain, je pars en vacances avec mes copains du club sportif. Nous nous réunissons tous les ans et nous faisons quelque chose de différent chaque année. Cette fois, on va à Nice. On va bien s'amuser.

Philippe, c'est un vrai casse-cou! L'année dernière, il a fait du saut à ski et il s'est blessé. Cette année, il a envie de faire du saut à l'élastique et du parapente!

Stéphane aime les parcs naturels. Comme Philippe, il adore escalader, grimper et glisser, mais il connaît ses limites. Il ne recherche pas la montée d'adrénaline comme Philippe.

Julien adore les concerts de rock. Il a fait la queue pendant des heures pour obtenir des billets pour un concert, la semaine dernière. Heureusement, parce que maintenant tout est complet.

Moi, j'aime jouer à la pétanque et au billard. J'aime bien aussi me promener et lézarder au soleil. Il va y avoir une nouvelle exposition à la galerie de l'Opéra.

J'espère assister au vernissage.

1. C'est un casse-cou.
   a. François b. Philippe c. Stéphane d. Julien
2. Il adore les concerts de rock.
   a. François b. Philippe c. Stéphane d. Julien
3. Il joue à la pétanque.
   a. François b. Philippe c. Stéphane d. Julien
4. Il connaît ses limites.
   a. François b. Philippe c. Stéphane d. Julien
5. Il a envie de faire du saut à l'élastique.
   a. François b. Philippe c. Stéphane d. Julien
6. Il aime les parcs naturels.
   a. François b. Philippe c. Stéphane d. Julien

Leçon 9

LESSON TEST

Conversation Vous allez entendre une conversation entre deux amis. Écoutez-la attentivement, puis répondez aux questions par des phrases complètes.

MICHEL Dis, Claire, j'aimerais bien m'acheter une voiture, mais avec le salaire que je touche comme vendeur au grand magasin, je n'arrive pas à économiser.

CLAIRE Tu devrais en parler au gérant, Monsieur Chambon. Tu peux lui expliquer que ça fait un an que tu gagnes le salaire minimum et qu'il te faut une augmentation.

MICHEL Mais ce n'est pas si facile que ça! Il est sous pression. Il est obligé de faire des économies. Il ne sera pas disposé à me donner une augmentation comme ça. Il faut être promu. Et ça, c'est peu probable en ce moment.

CLAIRE Alors, dans ce cas-là, tu devrais démissionner. Il faut que tu cherches un autre boulot. Eh! J'ai une idée. Mon père connaît quelqu'un qui dirige une banque. Il peut arranger un entretien d'embauche, si tu veux.

MICHEL Mais non! Je ne veux pas solliciter un emploi dans une banque. J'aimerais mieux y aller pour demander un prêt.

CLAIRE Alors, ça, c'est une mauvaise idée.

MICHEL Pourquoi? Je pourrais emprunter de l'argent et avoir une nouvelle voiture dans quelques jours!

CLAIRE Écoute, Michel. Tu n'as pas de dettes et tu habites toujours chez tes parents. Il vaut mieux profiter de cette situation. Même si tu fais un emprunt à court terme, il te faudra des années pour le rembourser. Si tu déposes régulièrement une partie de ton salaire sur un compte d'épargne, dans quelques mois tu auras ta voiture.

MICHEL Tu as probablement raison, Claire.

1. Où Michel travaille-t-il?
2. Pourquoi Michel ne peut-il pas acheter une voiture maintenant?
3. Qu'est-ce que Claire lui conseille de faire d'abord?
4. Qu'est-ce que Michel préfère faire à la banque?
5. Que pense Claire de son idée?
6. Quels conseils Claire lui donne-t-elle à la fin?

Leçon 10

LESSON TEST

Un safari-photo Vous allez entendre une annonce publicitaire pour des safaris-photos. Écoutez-la attentivement, puis répondez aux questions par des phrases complètes.

Rêvez-vous d'échapper à la pollution de la ville? Aimeriez-vous respirer de l'air pur? Désirez-vous voir de près des animaux sauvages et admirer des paysages magnifiques? Si oui, partez à l'aventure avec Safaris Géants.

Si vous avez envie de découvrir les paysages, les couleurs et la diversité de l'Afrique, Safaris Géants saura vous préparer le voyage de vos rêves. Vous aimeriez voir des animaux en liberté? Au Swaziland, le parc Kruger est la réserve naturelle la plus célèbre d'Afrique du Sud. Ce parc protège plus de 140 espèces d'animaux sauvages, y compris le lion, le léopard, l'éléphant, le singe et le rhinocéros.

Si vous préférez partir à la découverte de la nature australienne, Safaris Géants vous préparera un voyage inoubliable. Découvrez les merveilles de la Tasmanie et de la Grande Barrière de Corail. À Airlie Beach, vous verrez des îles de l'archipel des Whitsundays. Vous explorerez les récifs de corail où vous pourrez admirer une multitude de poissons tropicaux.

Que vous choisissiez notre Aventure Africaine ou notre Aventure Australienne, vous ne serez pas déçus. Nos safaris sont réservés aux amateurs de photographie. La chasse y est strictement interdite.

1. À qui s'adresse cette publicité?
2. Quelles «aventures» cette publicité propose-t-elle?
3. Quel voyage faut-il choisir si on veut voir des animaux en liberté?
4. Quels animaux peut-on voir au parc Kruger?
5. Qu'est-ce qu'on peut faire à Airlie Beach?
6. Qu'est-ce qu'un safari-photo?

LISTENING SCRIPTS TO EXAMS

Leçons 1–5

EXAM

La vie d'une animatrice Vous allez entendre une description. Écoutez-la attentivement, puis répondez aux questions par des phrases complètes.

Jocelyne Ronsard est l'animatrice d'un magazine télévisé. Son émission commence à sept heures et demie du matin et se termine à neuf heures. Elle doit arriver à la station à cinq heures et demie pour préparer l'émission et pour se maquiller. Elle habite en banlieue, alors il lui faut au moins une demi-heure pour arriver aux studios de télévision. Ça veut dire qu'elle se lève entre trois heures et demie et quatre heures du matin! Elle ne se plaint pas, parce qu'elle a choisi de se consacrer au métier de journaliste. Elle adore son travail et elle tient beaucoup à la liberté de la presse. Elle a confiance en elle. Elle est très franche et charmante.

Jocelyne fait des reportages sur beaucoup de choses différentes, comme les actualités et les élections. L'année dernière, elle a fait une enquête sur les abus de pouvoir des députés. Elle fait aussi des reportages sur la vie quotidienne des gens ordinaires. Le français est sa langue maternelle, mais elle parle aussi anglais, italien, espagnol et arabe. C'est une vraie polyglotte! Il y a deux ans, elle a reçu un prix pour son entretien avec des émigrés d'Afrique du Nord. Elle se comporte toujours d'une manière très professionnelle. Elle n'a peur de rien et n'hésite pas à aborder des sujets divers, même polémiques.

1. Que fait Jocelyne?
2. À quelle heure commence son émission?
3. Où habite-t-elle?
4. À quelle heure se lève-t-elle?
5. Qu'est-ce qu'elle pense de son travail?
6. Quelles langues parle-t-elle?
7. Pourquoi a-t-elle reçu un prix?
8. Comment est Jocelyne d'une manière générale?

Leçons 6–10

EXAM

Un voyage d'affaires Vous allez entendre une conversation. Écoutez-la attentivement, puis répondez aux questions par des phrases complètes.

TANTE MARTINE Qu'est-ce que tu fais, Olivier?
OLIVIER Je pars en voyage demain et je n'ai pas encore fait mes valises.
TANTE MARTINE Où vas-tu?
OLIVIER Je vais en Provence pour un entretien d'embauche. J'ai posé ma candidature à un poste de comptable, dans une entreprise multinationale spécialisée dans les recherches génétiques.
TANTE MARTINE Ah oui?
OLIVIER Oui. J'ai un rendez-vous avec le chef du personnel à dix heures, demain matin. Qu'est-ce qu'il faut que j'emporte?
TANTE MARTINE Tu as besoin de ton costume, bien sûr. Et prends ta cravate bleue.
OLIVIER D'accord.
TANTE MARTINE Tu as pris des chaussettes?
OLIVIER Oui, tante Martine... Où sont mes chaussures noires?
TANTE MARTINE Les voilà. Mais pourquoi est-ce que tu prends tes baskets et un short? Tu veux jouer les vacanciers?
OLIVIER Écoute, après l'entretien, j'aimerais me divertir un peu. Je vais me promener et lézarder sous le soleil provençal.
TANTE MARTINE C'est une bonne idée. Mais n'oublie pas d'exiger un bon salaire. Tu as une excellente formation et tu es très compétent.
OLIVIER D'accord.

1. Quand Olivier part-il en voyage?
2. Où va-t-il?
3. Pourquoi y va-t-il?
4. Que se passe-t-il à dix heures demain matin?
5. Qu'est-ce que tante Martine lui recommande d'emporter?
6. Qu'est-ce que tante Martine est surprise de voir dans la valise?
7. Qu'est-ce qu'Olivier va faire après son entretien?
8. Quel dernier conseil tante Martine donne-t-elle à Olivier?

Leçons 1–10

EXAM

Où passer ses vacances? Vous allez entendre une conversation. Écoutez-la attentivement, puis répondez aux questions par des phrases complètes.

CLAUDINE Dis, Richard, qu'est-ce que tu veux faire pendant les vacances, cette année?

RICHARD Moi, je voudrais faire du camping. On pourrait aller explorer une forêt tropicale. Tu aimerais ça, Claudine?

CLAUDINE Mais non! Pas du tout! Je ne supporte pas les insectes et j'ai très peur des araignées, tu le sais bien!

RICHARD Bon... Si on allait faire de l'alpinisme dans les Pyrénées? On y respirerait de l'air pur.

CLAUDINE Non, tu es très sportif, toi, mais pas moi. En plus, il y aura peut-être des animaux sauvages!

RICHARD Écoute, Claudine, ne crains rien. Je te protégerai.

CLAUDINE Je ne sais pas...

RICHARD Eh! J'ai une idée. On pourrait aller à la Martinique! Il y a des récifs de corail où on voit des poissons de toutes les couleurs!

CLAUDINE Mais Richard, c'est la saison des ouragans!

RICHARD Tu as une meilleure idée, toi?

CLAUDINE On pourrait rendre visite à mes cousines, en Angleterre.

RICHARD Ah non! Quel rabat-joie, alors!

1. Où Richard voudrait-il faire du camping?
2. Pourquoi Claudine ne veut-elle pas faire de camping?
3. Qu'est-ce que Richard voudrait faire dans les Pyrénées?
4. Pourquoi Claudine ne veut-elle pas aller à la montagne?
5. Qu'est-ce que Richard voudrait faire à la Martinique?
6. Pourquoi Claudine ne veut-elle pas aller à la Martinique?
7. Où Claudine propose-t-elle d'aller passer les vacances?
8. Qu'est-ce que Richard pense de son idée?

Answers

ANSWERS

Leçon 1

VOCABULARY QUIZ I

1 1. I 2. I 3. L 4. L 5. I
2 1. d 2. c 3. b 4. f 5. a
3 1. âmes sœurs 2. veuf 3. économe 4. mentir 5. inquiets/inquiètes/anxieux/anxieuses

VOCABULARY QUIZ II

1 1. c 2. b 3. a 4. c
2 Answers will vary.
3 Answers will vary.

GRAMMAR 1.1 QUIZ I

1 1. espères 2. espérons 3. plonge 4. plongeons 5. menaces 6. menaçons 7. menacent 8. essaie 9. amenons 10. amènent
2 1. préfère 2. jetons 3. appelez 4. envoies 5. achètent
3 1. Répétez 2. lève 3. renouvelles 4. voyageons 5. nettoient

GRAMMAR 1.1 QUIZ II

1 1. renouvelle 2. balaie 3. lançons 4. possèdent 5. projettes 6. déménageons
2 Answers will vary.
3 Answers will vary.

GRAMMAR 1.2 QUIZ I

1 1. c 2. f 3. a 4. b 5. d 6. e
2 1. b 2. a 3. b 4. b 5. a
3 1. sont 2. avons 3. fait 4. faites 5. suis 6. as 7. font 8. ont 9. faisons

GRAMMAR 1.2 QUIZ II

1 1. vais 2. avons 3. êtes 4. font 5. faites 6. as
2 Answers will vary.
3 Answers will vary.

GRAMMAR 1.3 QUIZ I

1 1. Est-ce qu'elle aime la glace au chocolat? 2. Regardez-vous la télévision française? 3. Écoute-t-il le professeur? 4. Est-ce que Nicolas entend son téléphone? 5. Sa mère est-elle avocate? 6. Y a-t-il une fenêtre dans ta chambre?
2 1. Quelle 2. quand/à quelle heure 3. Combien 4. À qui 5. Lequel 6. Où 7. Comment 8. Desquels

GRAMMAR 1.3 QUIZ II

1 1. À quoi penses-tu? 2. Que/Quelle boisson boivent-ils au petit-déjeuner? 3. Pourquoi est-ce que je ne peux pas sortir ce soir? 4. Avec qui Delphine joue-t-elle au tennis?
2 Answers will vary.
3 Answers will vary.

LESSON TEST

1 Answers may vary. Sample answers: 1. Elle est fâchée contre son frère Michel. 2. Michel lui a posé un lapin. 3. Elle va chez Michel, mais elle ne sonne pas à la porte. 4. Elle entend de la musique et les voix des copains de Michel. 5. Elle lui dit que ce n'est pas sympa et qu'elle ne va plus répondre à ses invitations à l'avenir.
2 1. vous marier 2. passagère 3. âme sœur 4. affectueuse/fidèle/franche 5. fidèle/franche/affectueuse 6. franche/affectueuse/fidèle 7. partager 8. faire confiance
3 1. vont 2. avons 3. est 4. fait
4 Answers may vary. Sample answers: 1. Où vas-tu? 2. Pourquoi est-ce que tu vas en ville? 3. Avec qui est-ce que tu as rendez-vous? 4. Comment est-ce que tu y vas? 5. Quand est-ce que tu pars?
5 1. Laquelle 2. Quel 3. Duquel 4. Auxquels
6 Answers will vary.

Lecture

1 1. Ils sont fidèles. 2. Ils ne posent jamais de lapin. 3. Ils s'entendent bien. 4. Ils discutent. 5. Elle se met rarement en colère contre ses amis. 6. Elle respecte ses amis et elle n'est pas jalouse.
2 Answers will vary.

Rédaction

Answers will vary.

OPTIONAL TEST SECTIONS

COURT MÉTRAGE
Answers will vary.

IMAGINEZ
Les États-Unis
Answer will vary. Sample answer: La France et le monde francophone influencent les États-Unis depuis l'époque coloniale. La France a aidé les révolutionnaires américains pendant la guerre d'Indépendance. Des francophones y ont fondé des villes, comme Antoine Cadillac avec Détroit. Certaines villes américaines ont un nom français, comme Belleville et Des Moines. La culture populaire américaine a aussi été influencée par des personnages comme Charles Perrault et ses contes pour enfants.

Le Zapping
Il demande si les jeunes ont reçu leur convocation pour voter. Il veut savoir si c'est la première fois qu'ils vont voter et ce qu'ils pensent du droit de vote. Le CDH a des idées écologiques et libérales et il met les minorités en avant.

ANSWERS

Leçon 2

VOCABULARY QUIZ I

1 1. ville 2. campagne 3. ville 4. campagne 5. ville

2 1. clous 2. descendez 3. banlieue 4. rouler 5. trottoir

3 1. un(e) citadin(e) 2. un gratte-ciel 3. un rond-point 4. un(e) citoyen(ne) 5. un croisement

VOCABULARY QUIZ II

1 1. un(e) citoyen(ne) 2. un croisement 3. un gratte-ciel 4. un rond-point 5. un(e) citadin(e)

2 Answers will vary.

3 Answers will vary.

GRAMMAR 2.1 QUIZ I

1 1. b 2. b 3. a 4. a 5. b

2 1. se moque 2. s'en aller 3. s'entendent 4. nous détendons 5. m'inquiète

3 Suggested answers: 1. Les agents de police et les piétons se fâchent les uns contre les autres. 2. Le maire et le commissaire de police s'écrivent des e-mails tous les jours. 3. Tu te souviens du rond-point près des musées? 4. Nous ne nous habituons jamais aux embouteillages. 5. Pourquoi vous méfiez-vous du maire?

GRAMMAR 2.1 QUIZ II

1 1. vous trompez 2. te méfies 3. se demandent 4. me tais 5. s'en va

2 Second part may vary. 1. s'aperçoivent 2. me couche 3. se moque 4. nous demandons 5. s'inquiète 6. me détendre

3 Answers will vary.

GRAMMAR 2.2 QUIZ I

1 1. b 2. b 3. c 4. c 5. b

2 1. nouvel 2. vieille/âgée 3. fausse 4. basse 5. conservatrice

3 1. intellectuelle 2. muettes 3. naïve 4. dernière 5. douces 6. dangereuse 7. rousse 8. fraîche 9. blanche 10. canadiennes

GRAMMAR 2.2 QUIZ II

1 Answers will vary.

2 Answers will vary.

GRAMMAR 2.3 QUIZ I

1 1. b 2. d 3. a 4. c

2 1. franchement 2. mal 3. intelligemment 4. courageusement 5. lentement 6. précisément 7. discrètement 8. élégamment 9. poliment 10. progressivement

3 1. b 2. a 3. b 4. b 5. a 6. b

GRAMMAR 2.3 QUIZ II

1 1. Mon frère n'est probablement pas au cinéma. 2. La fête a fini tard. 3. Mes cousines travaillent dur. 4. Ils ont mal chanté.

2 1. Samuel joue bien au tennis. 2. Le dimanche, le train s'arrête fréquemment. 3. Émilie parle nerveusement à son prof de maths. 4. Vous avez participé activement.

3 Answers will vary.

LESSON TEST

1 Answers may vary. Sample answers: 1. Elle est à Paris depuis deux semaines. 2. Il se trouve en banlieue. C'est un ancien immeuble du 18e siècle. 3. Près de l'appartement, il y a une jolie place, une zone piétonne et une station de métro. 4. Elle préfère prendre le métro ou l'autobus. 5. Elle aime se promener et explorer les différents quartiers. 6. Elle se perd. Elle demande des indications à une Parisienne qui l'accompagne jusqu'à l'entrée du musée.

2 1. g 2. h 3. a 4. i 5. b 6. d 7. j 8. e 9. c 10. f

3 1. m'amuse 2. nous entendons 3. nous réunissons 4. m'intéresse 5. se méfie 6. s'ennuie 7. se plaint 8. se met

4 1. Karine et Mathilde sortent fréquemment. 2. Fabien lit quotidiennement le journal./Fabien lit le journal quotidiennement. 3. Thérèse termine facilement ses devoirs. 4. Michel conduit mal. 5. Je parle doucement à mon petit frère.

5 Answers may vary. Sample answers: 1. bel 2. animée 3. bruyante 4. grand 5. propre 6. privé

6 Answers will vary.

Lecture

1 Answers may vary. Sample answers: 1. Ils datent du 17e siècle. 2. C'est le plus ancien/vieux et le plus beau de la région. 3. Il faut rester sur le trottoir et faire attention aux croisements. 4. Ils vont se méfier des prix. 5. Il va se retrouver pour continuer la visite. 6. Ils vont demander des indications s'ils se perdent.

2 Answers will vary.

Rédaction

Answers will vary.

OPTIONAL TEST SECTIONS

COURT MÉTRAGE

Answers will vary. Sample answer: Antoine se plaint d'être célibataire et demande si une femme voudrait partager sa vie avec lui. Les gens le trouvent amusant. Mais un homme lui répond et lui propose de lui donner le numéro de téléphone de sa femme. Antoine refuse et réitère sa proposition. Une femme accepte et descend de la rame de métro. Finalement, Antoine lui dit que ce n'était qu'un sketch.

IMAGINEZ

La France

Answers will vary. Sample answers: 1. Elles se disputent le titre de deuxième ville de France. 2. Le Mur du cinéma se trouve à Cannes. 3. On célèbre la fête du Citron. 4. Les randonnées en rollers ont commencé à Paris. amusant. Mais un homme lui répond et lui propose de lui donner le numéro de téléphone de sa femme. Antoine refuse et réitère sa proposition. Une femme accepte et descend de la rame de métro. Finalement, Antoine lui dit que ce n'était qu'un sketch.

Galerie de Créateurs

Answers will vary. Sample answer: Yann Arthus-Bertrand est photographe. Au Kenya, il a découvert que la photographie permettait de faire passer ses messages mieux que les mots. Avec l'aide de l'UNESCO, il a créé *La Terre vue du ciel*, une banque d'images sous forme de livre. Depuis 2009, il réalise de longs métrages dont *Home* et *Human*.

ANSWERS

Leçon 3

VOCABULARY QUIZ I

1 1. a 2. b 3. c 4. c 5. b

2 1. F 2. F 3. V 4. F 5. V

3 1. actualisés 2. enquêter 3. couverture/une 4. s'informer 5. éditeur/éditrice

VOCABULARY QUIZ II

1 Answers will vary.

2 Answers will vary.

3 Answers will vary.

GRAMMAR 3.1 QUIZ I

1 1. vécu 2. ouvert 3. su 4. pu 5. mis

2 1. Elle a été en retard. 2. Je l'ai vendue. 3. Hier, nous avons beaucoup mangé. 4. Samedi dernier, tu as dû travailler. 5. Vous n'avez pas conduit attentivement.

3 1. a plu 2. n'ai pas lu 3. avons vu 4. n'as pas cru 5. avez écrite

GRAMMAR 3.1 QUIZ II

1 1. a eu 2. ai vus 3. n'avons pas pu 4. n'ont jamais vécu 5. a écrite

2 1. Mes copines ont vite pris le petit-déjeuner. 2. Soudain, les enfants ont voulu s'arrêter. 3. Ils ont certainement oublié le rendez-vous. 4. Nous avons couru rapidement pendant dix minutes.

3 Answers will vary.

GRAMMAR 3.2 QUIZ I

1 1. les deux 2. avoir 3. être 4. être 5. être 6. les deux 7. être 8. avoir 9. être 10. les deux

2 1. Marine n'est jamais tombée dans la rue. 2. Ils ont descendu les poubelles. 3. Elles sont montées en haut de la tour Eiffel. 4. Matthieu et Sarah se sont téléphoné. 5. Coraline et moi ne nous sommes pas dépêché(e)s.

3 1. a passé 2. sommes rentrés 3. est morte 4. se sont lavé 5. ne t'es pas maquillée

GRAMMAR 3.2 QUIZ II

1 1. n'est pas sortie 2. a descendu 3. ne se sont pas parlé 4. est née 5. se sont réveillés

2 1. Emma est tombée parce qu'elle est sortie dans la neige. 2. Ma soeur a sorti notre chien Pollux. 3. Ils ne se sont pas brossé les dents. 4. Elles se sont rencontrées au cinéma.

3 Answers will vary.

GRAMMAR 3.3 QUIZ I

1 1. a 2. b 3. a 4. a 5. b 6. a

2 1. Quand ma sœur avait cinq ans, elle avait peur de l'obscurité. 2. Quand notre train est arrivé hier soir, nous étions fatigué(e)s. 3. Le week-end dernier, nous avons mangé au restaurant puis nous sommes allé(e)s au cinéma. 4. Nous regardions la télévision quand tu as téléphoné.

3 1. était 2. a entendu 3. ne savait pas 4. a voulu 5. est sorti 6. s'est réveillée

GRAMMAR 3.3 QUIZ II

1 1. sont allés 2. était 3. avait 4. a atterri 5. pleuvait 6. ont fait 7. ont dîné 8. mangeaient 9. jouait 10. détestait

2 Answers will vary.

3 Answers will vary.

LESSON TEST

1 1. Elles passent à 18h00. 2. C'est un reportage. 3. Il a un entretien avec Lance Armstrong. 4. Il est critique de cinéma. 5. Il est réalisateur. 6. Il s'appelle *Jour après jour*.

2

	le cinéma	la presse	la télévision
1. une chronique		X	
2. un feuilleton			X
3. une vedette	X		X
4. un écran	X		X
5. un titre	X	X	X
6. la rubrique société		X	
7. un reportage		X	
8. un réalisateur	X		X
9. un téléspectateur			X
10. une première	X		
11. une chaîne			X
12. un hebdomadaire		X	

3 Answers will vary.

4 1. Il a plu longtemps. 2. Ces deux journalistes ont toujours dit la vérité. 3. Est-ce que vous avez beaucoup regardé la télévision pendant les vacances? 4. Nous avons récemment écouté/ Nous avons écouté récemment la bande originale de ce film. 5. Le réalisateur a probablement oublié ses rendez-vous. 6. Tu es vite retourné(e) au studio?

5 1. suis sorti(e) 2. sont arrivés 3. avons pris 4. est tombée 5. s'est foulé 6. sommes allés

6 1. étais/allais 2. vous intéressiez/aviez 3. ont commencé/sommes rentrés 4. dormions/ a sonné 5. venait

Lecture

1 1. Le groupe commence sa visite dans les locaux du service d'information. 2. Peter est envoyé spécial. 3. Ils s'informent 24 heures sur 24. 4. Ils essayent de rester impartiaux. 5. Michel Janset et Fabienne Robert sont animateurs. 6. Elle passe une fois par semaine à la radio.

2 Answers will vary.

Rédaction

Answers will vary.

OPTIONAL TEST SECTIONS

COURT MÉTRAGE

Answers will vary.

IMAGINEZ

Le Québec

Answers will vary. Sample answers: 1. La photographie représente la ville souterraine de Montréal organisée en tunnels longs de 30 kilomètres. On y trouve des complexes résidentiels et commerciaux, des stations de métro, des gares, des banques, des bureaux et des hôtels. 2. La photographie représente René Lévesque. Il est le fondateur du Parti québécois. Il est devenu Premier ministre en 1976. 3. La photographie représente un plat de poutine. C'est une spécialité québécoise qui consiste en un mélange de frites et de fromage râpé, avec une sauce brune chaude. Presque tous les restaurants à service rapide servent de la poutine.

Le Zapping

Answers will vary. Sample answer: Le nom de ce journal est *Vendredi*. C'est un journal qui va à l'inverse de la presse traditionnelle parce qu'il publie sur papier des informations trouvées sur des blogs et autres sites Internet.

ANSWERS

Leçon 4

VOCABULARY QUIZ I

1 1. b 2. e 3. d 4. c 5. a
2 1. a 2. c 3. b 4. c 5. a
3 1. I 2. L 3. I 4. I 5. L

VOCABULARY QUIZ II

1 1. du chantage 2. un crime 3. Une guerre civile 4. La peur
2 Answers will vary.
3 Answers will vary.

GRAMMAR 4.1 QUIZ I

1 1. avait voté 2. s'était consacrée 3. était allée 4. avaient approuvée
2 1. Le candidat était triste parce qu'il avait perdu l'élection. 2. Nous avons pu nous téléphoner parce que nous nous étions donné nos numéros respectifs. 3. Ces activistes ont été arrêtés par la police parce qu'ils étaient devenus violents.
3 1. avait commencé 2. venais 3. n'aviez pas été 4. ont condamné 5. avaient vue 6. avais pu

GRAMMAR 4.1 QUIZ II

1 1. était 2. s'est levée 3. avait regardé 4. est allée 5. venait 6. s'est rendu 7. avait oublié 8. avait fait
2 Answers will vary.
3 Answers will vary.

GRAMMAR 4.2 QUIZ I

1 1. Je n'ai vu personne. 2. Nous n'allons rien dire. 3. Tu n'as jamais été en retard. 4. Personne n'aimait cette chanson. 5. Ils ne parlent ni anglais ni français.
2 1. quelques-uns 2. quelque chose 3. Chaque 4. La plupart 5. plusieurs
3 1. Non, elle n'aime plus ce parti politique. 2. Non, nous ne connaissons ni ce chanteur ni cette chanteuse. 3. Non, je n'ai pas encore bu d'eau ce matin. 4. Non, rien ne me dérange. 5. Non, nous ne sommes allés nulle part l'été dernier.

GRAMMAR 4.2 QUIZ II

1 1. Non, elle n'aime plus ce parti politique. 2. Non, nous ne connaissons ni ce chanteur ni cette chanteuse. 3. Non, je n'ai pas encore bu d'eau ce matin. 4. Non, rien ne me dérange. 5. Non, nous ne sommes allés nulle part l'été dernier. 6. Non, je ne chante pas non plus.
2 1. La plupart 2. telle 3. Chacune 4. quelques 5. Plusieurs
3 Answers will vary.

GRAMMAR 4.3 QUIZ I

1 1. meurt 2. mourez 3. pars 4. partent 5. ouvres 6. ouvert 7. maintient 8. maintenons 9. deviennent 10. devenu
2 1. se sent 2. viennent 3. sommes sorti(e)s 4. a découvert 5. tient 6. sens 7. est mort 8. meurent 9. êtes devenus 10. partez

GRAMMAR 4.3 QUIZ II

1 Answers will vary.
2 Answers will vary.

LESSON TEST

1 Answers may vary slightly. Sample answers: 1. Il va être emprisonné pendant cinq ans. 2. Il a kidnappé Madame Sylvie Dufresne, la femme d'un député. 3. Cela s'est passé trois jours après les dernières élections. 4. Il a dit que des terroristes avaient enlevé Madame Dufresne et que Monsieur Norbert était en train de la sauver quand la police est arrivée. 5. Elle pense que justice est faite. 6. Des militants ont déclaré que Norbert était innocent, parce qu'il est la victime d'un complot politique.
2 1. sauver 2. se consacrer 3. croyance 4. député 5. défaite 6. cruauté 7. modéré 8. drapeau
3 1. couvre 2. ont découvert 3. est sortie 4. mourons 5. ouvrir 6. a offert 7. souffrent 8. devenir

4 1. On a emprisonné les activistes parce qu'ils avaient menacé un juge. 2. La députée a été déçue parce qu'elle avait tout juste gagné les élections. 3. Je n'ai pas pu rentrer à midi parce que j'avais perdu les clés de la voiture. 4. Ils ont laissé leur voiture chez Victor parce qu'ils étaient tombés en panne devant chez lui. Ils ont laissé leur voiture chez Victor parce que la voiture était tombée en panne devant chez lui. 5. Nous avons voté pour M. Jobert parce qu'il avait promis de combattre le crime. 6. Ils sont rentrés tôt parce qu'ils n'avaient pas encore fini leurs devoirs.

5 Answers will vary.

6 1. Personne n'est venu avant 19h. 2. Non, ils ne sont jamais arrivés. 3. Nous n'avons rien fait après la fête. 4. Non, elle ne joue plus de guitare. 5. Je n'aime ni danser ni chanter. 6. Je ne les ai vues nulle part.

Lecture

1 Answers may vary slightly. Sample answers: 1. C'est une organisation qui défend la liberté et les droits de l'homme. 2. Elle dénonce les crimes contre les individus et défend les victimes. 3. On peut devenir bénévole ou signer leurs pétitions. 4. Des milliers de prisonniers politiques ont déjà été sauvés. 5. Ils ont besoin de militants. 6. Elle prépare des dossiers d'information pour les professeurs et les enseignants.

2 Answers will vary.

Rédaction

Answers will vary.

OPTIONAL TEST SECTIONS

COURT MÉTRAGE

Answer will vary. Sample answer: Une famille de Roms s'est installée illégalement dans la forêt. Louise, un agent de forêt, vient documenter la situation en vue d'expulser la famille. Elle rencontre Dio, le chef de la famille. Les deux sympathisent et Dio lui demande de prendre son chèque et de lui donner des espèces parce qu'il n'a pas de compte bancaire. Elle ne veut pas le faire et retourne au bureau où elle apprend que la police est prête à intervenir. Elle prend de l'argent d'un tiroir et retourne au camp. Louise essaie de convaincre Dio de partir, mais il se fâche contre elle et crie que la famille n'a nulle part où aller. À la fin du film, on voit la police en route vers la fôret.

IMAGINEZ

Les Antilles

Answers will vary. Sample answers: 1. En 1564, les Français se sont installés à Fort Caroline, en Floride. 2. Les sociétés de pirates étaient égalitaires et démocratiques. Les pirates élisaient leur capitaine démocratiquement et le butin était partagé entre tous les membres de l'équipage.
3. Le Tour de la Martinique est une course nautique en sept étapes, autour de l'île. 4. Le carnaval de Guyane dure deux mois. Il est populaire, multiethnique et traditionnel.

Galerie de Créateurs

Answers will vary. Sample answer: La personne sur la photo s'appelle Léna Blou. Elle veut transmettre l'esthétique choréographique traditionnelle des Caraïbes et la philosophie de vie des Guadeloupéens à travers un concept qui s'appelle «le Bigidi». C'est une artiste moderne et en même temps traditionnelle parce qu'elle désire mettre la danse guadeloupéenne au même rang que les autres styles de danse reconnus mondialement.

ANSWERS

Leçon 5

VOCABULARY QUIZ I

1 1. c 2. b 3. a 4. b 5. c 6. a 7. b
2 1. I 2. I 3. L 4. L 5. I 6. L 7. I
3 1. d 2. h 3. a 4. f 5. b 6. c

VOCABULARY QUIZ II

1 1. a le mal du pays 2. cause 3. aller de l'avant 4. dialogue 5. polyglotte 6. natalité 7. patrimoine 8. appartient
2 Answers will vary.
3 Answers will vary.

GRAMMAR 5.1 QUIZ I

1 1. du 2. de 3. une 4. Des 5. des 6. d' 7. de l' 8. de
2 1. Ce vieux meuble a probablement de la valeur pour un antiquaire. 2. Une personne polyglotte parle plusieurs langues. 3. Julie met toujours du beurre dans les pâtes. 4. Tu ne bois jamais d'eau. 5. Beaucoup d'émigrés ont le mal du pays. 6. En été, il n'y a plus de neige sur les pistes.
3 Answers will vary.

GRAMMAR 5.1 QUIZ II

1 Answers will vary.
2 Answers will vary.
3 Answers will vary.

GRAMMAR 5.2 QUIZ I

1 1. y 2. en 3. y 4. lui 5. en 6. en 7. leur
2 1. b 2. a 3. b 4. c 5. c.
3 1. Vous y restez. 2. Aujourd'hui, j'en ai deux. 3. J'y songe. 4. Ils n'en ont pas.

GRAMMAR 5.2 QUIZ II

1 1. Dans la vie, il en faut. 2. J'y songe. 3. Ils n'en ont pas. 4. Vous y restez.
2 Answers will vary.
3 Answers will vary.

GRAMMAR 5.3 QUIZ I

1 1. a 2. a 3. a 4. a
2 1. Tu me la donnes. 2. Je la lui explique. 3. Nous allons lui en apporter. 4. Les gens les y ont vues.
3 1. Prête m'en! 2. N'y va pas! 3. Dis-la-lui! 4. Donne-la-nous!

GRAMMAR 5.3 QUIZ II

1 1. Ne leur en emprunte pas! 2. Donne-la-leur! 3. Dis-la-nous! 4. Apporte m'en!
2 Answers will vary.
3 Answers will vary.

LESSON TEST

1 Answers may vary. Sample answers: 1. Il est arrivé en France il y a quatre ans. 2. Sa femme et ses deux enfants sont venus avec lui. 3. Il voulait un travail mieux payé et plus de liberté, et que sa famille ait un meilleur niveau de vie. 4. Il y a une grande instabilité. C'est un pays défavorisé. 5. Il veut que ses enfants connaissent le patrimoine culturel de leur pays. 6. Il pense que le système éducatif français est excellent, dans l'ensemble.
2 1. b 2. d 3. c 4. e 5. a
3 1. d 2. e 3. a 4. c 5. b
4 Answers will vary. Sample answers: 1. de monde 2. d'eau 3. de café 4. du coca 5. de la limonade 6. du lait 7. du pain 8. d'argent
5 Answers may vary. Sample answers: 1. Oui, j'y habite toujours./Non, je n'y habite plus. 2. Oui, j'en fais./Non, je n'en fais pas. 3. Oui, j'en prends./Non, je n'en prends pas. 4. J'en ai deux./Je n'en ai pas. 5. Oui, je m'y intéresse./ Non, je ne m'y intéresse pas. 6. Oui, j'y suis allé(e)./Non, je n'y suis jamais allé(e).
6 1. Maurice les y rencontre. 2. Papa lui en a acheté. 3. Mon oncle nous l'a prêtée. 4. Madame Bermondy leur en a envoyé. 5. Quand Cyrille va-t-il vous les rendre? 6. Dis-la-lui!

Lecture

1 1. a 2. c 3. b 4. c 5. b 6. a
2 Answers will vary.

Rédaction

Answers will vary.

OPTIONAL TEST SECTIONS

COURT MÉTRAGE

Answers will vary. Sample answer: Samb est dans le bureau d'un commissaire de police parce qu'il a volé un ballon. Le commissaire lui parle, et Samb ne dit rien. Il reste debout, sans bouger. Plus tard, Samb explique au commissaire ce qui est arrivé à sa famille. Le commissaire est choqué et ne dit rien.

IMAGINEZ

L'Afrique de l'Ouest

Answers will vary. Sample answers: 1. C'est un Touareg, ou «homme bleu». Son peuple est nomade et d'origine berbère. Les Touaregs vivent dans une grande partie du Sahara et du Sahel.
2. C'est Djenné, une ville du Mali fondée au 9e siècle. C'est un grand centre d'échanges commerciaux à l'architecture exceptionnelle.
3. C'est la Place des Cinéastes à Ouagadougou. Fondée au 15e siècle, cette ville dont le nom signifie «là où on reçoit des honneurs, du respect» est la capitale du Burkina Faso.

Le Zapping

Answer will vary. Sample answer: Les Jeunes Magasins du monde-Oxfam sont des groupes qui se forment dans les écoles, avec l'aide des professeurs, où les jeunes se réunissent pour parler des problèmes actuels et organiser des actions.

ANSWERS

Leçon 6

VOCABULARY QUIZ I

1 1. b 2. c 3. d 4. e 5. a
2 1. rebelle 2. punit 3. ressemble 4. élèvent 5. stricte
3 1. fille unique 2. neveu 3. surnom 4. arrière-grand-père 5. jumeau

VOCABULARY QUIZ II

1 1. exigeante 2. élever 3. remerciez 4. égoïste 5. survivre
2 Answers will vary.
3 Answers will vary.

GRAMMAR 6.1 QUIZ I

1 1. Oui 2. Non 3. Oui 4. Oui
2 1. prenne 2. fasses 3. aille 4. puissiez
3 1. Il n'est pas bon que vous grondiez Vincent pour rien. 2. J'ai peur que tu sois trop autoritaire. 3. Je suis fâchée que vous ne vouliez pas venir me voir plus souvent. 4. Je regrette que ces enfants n'aient pas assez de caractère.

GRAMMAR 6.1 QUIZ II

1 1. croie 2. puissent 3. soient 4. respectent 5. aient 6. ne sachent pas 7. apprenions 8. ne veuillent pas
2 Answers will vary.

GRAMMAR 6.2 QUIZ I

1 1. C' 2. Ce 3. Ça 4. ça
2 1. Celle-ci, celle-là 2. Ceux-ci, ceux-là 3. Celui-ci, celui-là 4. celles-ci, celles-là
3 1. celui 2. Celle 3. celle 4. Celle 5. Ceux 6. Celui 7. Ceux 8. celles

GRAMMAR 6.2 QUIZ II

1 ceux, ceux 2. celle, celle 3. ceux, Ceux 4. Celui-ci, celui-là 5. ceux, celui
2 1. celle-là 2. ceux 3. celui 4. Celles 5. Ceux
3 Answers will vary.

GRAMMAR 6.3 QUIZ I

1 1. bois, buvez 2. crois, croient 3. dites, dit 4. crains, craignent 5. lit, lisent 6. me plains, se plaignent
2 1. a bu 2. a écrit 3. ai suivi 4. nous sommes mises
3 1. prenions 2. conduisais 3. reconnaissait 4. riions

GRAMMAR 6.3 QUIZ II

1 1. lisent 2. prennent 3. se met 4. se plaint 5. dit 6. craignent
2 1. souriiez 2. vous plaigniez 3. suiviez 4. connaissiez
3 Answers will vary.

LESSON TEST

1 Answers may vary. Sample answers: 1. C'est l'anniversaire de sa belle-mère Joséphine. 2. Elle est devenue exigeante. 3. Non, ils ne s'entendent pas bien. 4. Ils sont mal élevés. 5. Il est très autoritaire et il ne respecte pas l'opinion des autres.
2 1. d 2. g 3. e 4. h 5. a 6. b 7. f 8. c
3 1. c 2. f 3. a 4. b 5. g 6. d 7. e 8. h
4 1. a 2. b 3. c 4. d 5. b 6. a
5 1. écris 2. connaissez 3. conduit 4. ris 5. suivons 6. prenons
6 Answers will vary.

Lecture

1 Answers may vary. Sample answers: 1. Elle habite en Provence. 2. Ce sont les cousins de Michel. 3. Il adore réparer des horloges dans son atelier. 4. Il avait sculpté un buste en marbre. 5. Les enfants ont fait tomber le buste par accident. 6. Il pense que son oncle Pierre-Henri est trop autoritaire et que sa tante est parfois insupportable.
2 Answers will vary.

Rédaction

Answers will vary.

OPTIONAL TEST SECTIONS

COURT MÉTRAGE
Answers will vary.

IMAGINEZ
L'Afrique du Nord et le Liban
Answers will vary. Sample answer: Au Maroc, j'ai visité la médina de Fès où j'ai vu comment on fait un service à thé. En Algérie, j'ai écouté du raï à Oran, je me suis promené(e) dans les rues de la casbah d'Alger et j'ai visité le site de Timgad. En Tunisie, j'ai vu les étranges habitations de Matmata et les ruines archéologiques de Carthage. J'ai rencontré beaucoup de gens dans chaque pays et j'ai aussi vu des Berbères. Ensuite, je suis allé(e) au Liban où j'ai fait du ski.

Galerie de Créateurs
Answers will vary. Sample answer: La personne sur la photo s'appelle Yves Saint Laurent. Il commence sa carrière comme styliste pour Christian Dior. On le considère comme un innovateur parce qu'il est à l'origine de nombreuses révolutions dans la mode. Il donne du pouvoir aux femmes en leur offrant la possibilité de porter des vêtements dits masculins.

ANSWERS

Leçon 7

VOCABULARY QUIZ I

1 1. d 2. a 3. b 4. c
2 1. a 2. a 3. b 4. c
3 1. astronome 2. espace 3. étoiles 4. télescope 5. extraterrestre 6. atterrit 7. ovni 8. explorer 9. expériences 10. prouver 11. théories 12. scientifiques

VOCABULARY QUIZ II

1 1. mot de passe 2. téléchargeons 3. correcteur d'orthographe 4. efface 5. moteur de recherche
2 Answers will vary.
3 Answers will vary.

GRAMMAR 7.1 QUIZ I

1 1. aussi important qu' 2. plus petit que 3. moins nombreuses que 4. plus longtemps que 5. moins capitales que
2 1. Marianne est la plus jeune biologiste de sa génération. 2. Ces ingénieurs sont les moins brillants de leur profession. 3. Mon invention est la pire/plus mauvaise de toutes. 4. Audrey est celle qui travaille le moins rapidement 5. Philippe est le meilleur chercheur de son équipe.

GRAMMAR 7.1 QUIZ II

1 1 1. la moins, la plus 2. plus, moins 3. la plus, la moins 4. plus, aussi 5. les plus, les plus
2 Answers will vary.

GRAMMAR 7.2 QUIZ I

1 1. inventera 2. soignerons 3. essaieront/essayeront 4. portera 5. prouverai
2 1. pleuvra 2. enverront 3. referons 4. faudra 5. ne mourront pas 6. viendras 7. saura 8. verront 9. tiendrons 10. ne pourrai pas
3 1. pourra 2. recevrons 3. voudras 4. enverrai 5. ira

GRAMMAR 7.2 QUIZ II

1 1. finira 2. changerons 3. prendrai 4. téléchargeras 5. emploieront
2 1. n'enverrez jamais 2. ne sera plus 3. viendront 4. aurons 5. pourra
3 Answers will vary.

GRAMMAR 7.3 QUIZ I

1 1. invente 2. sachions 3. soient 4. créent 5. réussisses 6. fasse 7. suivent 8. ayez
2 1. se passe 2. meure 3. se mette 4. puisse 5. fasse 6. soit 7. aie 8. connaissions
3 1. aient atterri 2. soient entrés 3. soient repartis 4. ayons fini

GRAMMAR 7.3 QUIZ II

1 1. soient 2. arrivions 3. veuillent 4. fassiez 5. aille 6. guérissent 7. se développe 8. puissent 9. devienne 10. explore
2 Answers will vary.

LESSON TEST

1 Answers may vary. Sample answers: 1. Jean-Marc a un problème avec son ordinateur portable. 2. Il avait téléchargé des photos. 3. Il était en train de les copier sur une clé USB. 4. Il n'avait pas sauvegardé sa dissertation. 5. Benoît est informaticien. 6. Jean-Marc lui demande de l'appeler aussitôt que possible.
2 1. atterrir 2. cellule 3. génétique 4. étoile 5. mot de passe 6. gravité 7. survie 8. outil.
3 Answers will vary.
4 1. Je serai chimiste. 2. L'astrologue prédira l'avenir. 3. Vous prouverez une théorie. 4. Nous verrons une étoile filante. 5. Nos enfants feront des découvertes capitales.
5 Answers will vary.
6 Answers will vary.

Lecture

1 Answers may vary. Sample answers: 1. C'est l'instructeur principal du cours. 2. Ils serviront d'intermédiaire entre les biologistes et les informaticiens. 3. Ils approfondiront leurs notions de biologie et d'informatique. 4. Il les aidera à télécharger et à installer les outils nécessaires. 5. Tout sera effacé si les étudiants oublient de sauvegarder leurs documents et de les copier sur une clé USB. 6. Ils pourront explorer les sujets qui les intéressent et créer leurs propres sujets de recherche.
2 Answers will vary.

Rédaction

Answers will vary.

OPTIONAL TEST SECTIONS

COURT MÉTRAGE
Answers will vary.

IMAGINEZ
La Belgique, la Suisse et le Luxembourg
Answers will vary. Sample answers: 1. La photographie représente des chocolats belges. Le chocolat belge a commencé avec Jean Neuhaus qui en vendait dans sa pharmacie. Son fils a créé les confiseries, et son petit-fils la praline et le ballotin. 2. La photographie représente Bertrand Piccard. Ce Suisse a réalisé le premier tour du monde en ballon. 3. La photographie représente un horloger en train de travailler sur une montre. L'horlogerie de luxe est une des spécialités de la ville de Genève.

Le Zapping
Answers will vary. Sample answer: Le robot lycéen est un tube sur roulettes surmonté d'une tête équipée d'une caméra. En utilisant la téléprésence, le robot permet aux élèves malades ou blessés d'assister aux cours. Les élèves peuvent voir et écouter le professeur qui fait cours et même poser des questions.

ANSWERS

Leçon 8

VOCABULARY QUIZ I

1 1. c 2. b 3. a 4. a 5. c

2 1. c 2. e 3. a 4. b 5. d

3 1. vaut la peine 2. obtenir des billets 3. porter un toast 4. faites passer 5. font match nul

VOCABULARY QUIZ II

1 1. fan 2. s'est blessé 3. marque 4. siffler 5. Les supporters

2 Suggested answers: 1. une comédie/une pièce de théâtre 2. des cartes (à jouer)/un jeu vidéo/un jeu de société 3. les fléchettes/le billard/les boules/la pétanque/le bowling 4. l'alpinisme/le ski alpin/ une course/le saut à l'élastique 5. un tableau/une exposition

3 Answers will vary.

GRAMMAR 8.1 QUIZ I

1 1. b 2. d 3. a 4. c

2 1. Je déteste faire la queue avant le spectacle. 2. Ils refuseront de visiter ce parc d'attraction en premier. 3. Mes amis sont arrivés à trouver des billets sur Internet. 4. On va aller jouer au bowling ensemble ce soir. 5. Nous ne souhaitons pas visiter cette exposition tout de suite. 6. Il a réussi à se blesser au début du match!

GRAMMAR 8.1 QUIZ II

1 1. Il vaut mieux attendre la fin pour applaudir. 2. Viviane est fière de faire une exposition. 3. Je souhaite pratiquer le saut à l'élastique. 4. Il est important d'essayer d'arriver à l'heure.

2 Answers will vary.

GRAMMAR 8.2 QUIZ I

1 1. Le 2. Les 3. La 4. Le 5. Le 6. La 7. La 8. Le

2 1. en 2. aux 3. au 4. dans le/dans l'état du 4. à 5. en

2 1. du 2. des 3. du 4. d' 5. de 6. de

GRAMMAR 8.2 QUIZ II

1 1. à 2. en 3. d' 4. de 5. au 6. au

2 Answers will vary.

3 Answers will vary.

GRAMMAR 8.3 QUIZ I

1 1. Auriez-vous ces talons en taille 36? 2. Est-ce que tu pourrais faire la queue pour moi? 3. Voudriez-vous vous promener un peu avant le dîner? 4. Est-ce que vous pourriez arrêter de siffler, s'il vous plaît?

2 1. essaierais/essayerais 2. irais 3. inviterait 4. referions 5. vaudrait 6. auraient 7. courrais 8. nous promènerions

GRAMMAR 8.3 QUIZ II

1 1. voudrait 2. vaudrait 3. aimerais 4. saurions 5. auriez 6. viendriez 7. devraient 8. pourrait 9. irait 10. créeraient

2 Answers will vary.

LESSON TEST

1 1. b 2. d 3. a 4. c 5. b 6. c

2

	le sport	les arts	le temps libre
1. un arbitre	X		
2. le billard			X
3. une exposition		X	
4. l'alpinisme	X		
5. les boules			X
6. un spectacle		X	
7. une patinoire	X		
8. une pièce		X	
9. un vernissage		X	
10. les fléchettes			X

3 1. Elle espère obtenir des billets de cinéma. 2. J'ai l'intention de faire de l'alpinisme. 3. Ils viennent de célébrer leur anniversaire de mariage. 4. Tu n'as pas voulu porter un toast hier soir? 5. Vous n'allez pas prendre un café avec nous? 6. Les enfants oublient quelquefois de faire la vaisselle.

4 1. b 2. d 3. a 4. d 5. b 6. a

5 Answers may vary. Sample answers: 1. aimerais 2. Aurais 3. préférerais 4. pourrions 5. pourrait 6. serait 7. aurions.

6 Answers will vary.

Lecture

1 Answers may vary. Sample answers: 1. Ils ont une boutique de souvenirs pour les touristes. 2. Des visiteurs venus du monde entier lui ont parlé de Paris, New York et Bruxelles. 3. Ele boit un café avec ses amis, discute et joue aux fléchettes ou aux cartes. 4. Elle va au stade pour voir un match de foot. 5. C'est la musique locale. 6. Elle n'a pas souvent l'occasion de mettre une robe du soir et des talons aiguilles pour aller à un vernissage ou à un spectacle.

2 Answers will vary.

Rédaction

Answers will vary.

OPTIONAL TEST SECTIONS

COURT MÉTRAGE

Answers will vary.

IMAGINEZ

L'océan Indien

Answers will vary. Sample answers:

1. Madagascar produit des épices comme la cannelle, le poivre et la vanille. 2. On y trouve plus de 250 espèces de coraux et 760 espèces de poissons. 3. Le piton de la Fournaise est le volcan actif de l'île de la Réunion. 4. C'est un îlot très sec et sauvage des Seychelles et un paradis terrestre pour des tortues géantes. 5. On peut y visiter la colline de Chamarel et le jardin de Pamplemousse. Le dodo y a disparu. Les marins le chassaient pour le manger et il a été rapidement exterminé.

Galerie de Créateurs

Answers will vary. Sample answers: Sa spécialité: Littérature et cinéma **Son oeuvre**: Des poésies sur son peuple et son île, et des films **Autres points intéressants**: Il a créé le concept de la «coolitude» et est à l'origine de la fondation d'une association littéraire, l'Internationale des Poètes.

Commentaire personnel: Answer will vary.

ANSWERS

Leçon 9

VOCABULARY QUIZ I

1 1. d 2. a 3. b 4. c

2 1. c 2. b 3. a 4. a 5. c

3 1. distributeur, carte bancaire 2. crise économique, dettes, faillite 3. touche

VOCABULARY QUIZ II

1 1. au chômage 2. économise 3. faillite/ banqueroute 4. fainéant 5. temps de travail 6. dépenses 7. promu 8. investis

2 Answers will vary.

GRAMMAR 9.1 QUIZ I

1 1. que 2. qui 3. où 4. dont 5. que

2 1. J'ai des problèmes avec le compte d'épargne que j'ai ouvert hier. 2. Chaque mois, on économise une partie de notre salaire avec laquelle on paie nos dettes. 3. Les chiffres de la pauvreté qui viennent de sortir ne nous étonnent pas trop. 4. À court terme, vous toucherez le pourcentage dont nous avons discuté.

GRAMMAR 9.1 QUIZ II

1 1. qui 2. que 3. dont 4. pour laquelle/où 5. où/chez laquelle/dans laquelle 6. à qui 7. qui 8. dont

2 Answers will vary.

3 Answers will vary.

GRAMMAR 9.2 QUIZ I

1 1. en tenant 2. en sachant 3. En ayant 4. en empruntant 5. en prenant

2 1. en sortant 2. en devenant 3. en étant 4. En entendant 5. en licenciant

3 1. tout en répondant 2. tout en ayant 3. tout en étant 4. tout en faisant 5. tout en investissan 6. tout en suivant

4 1. consultante 2. exigeants 3. gérant 4. changeant

GRAMMAR 9.2 QUIZ II

1 1. en ayant 2. En sachant 3. en organisant 4. en écrivant 5. en faisant 6. en parlant 7. en finissant 8. en laissant

2 1. tout en déposant 2. tout en investissant 3. tout en gagnant 4. tout en créant 5. tout en étant 6. tout en payant 7. Tout en ayant 8. tout en prédisant

3 Answers will vary.

GRAMMAR 9.3 QUIZ I

1 1. pouvez 2. reçois/recevrai 3. voulez 4. faut 5. vois

2 1. Les chiffres de la production? Je les ai vus hier. 2. Hier, nous avons dû embaucher un nouvel employé. 3. Elles se sont assises ensemble hier. 4. Les vendeuses que tu as vues hier ne travaillent pas dans l'entrepôt. 5. Les employés ont aperçu le directeur en réunion hier.

GRAMMAR 9.3 QUIZ II

1 1. s'asseyent 2. pleut 3. aperçois 4. recevons 5. ne doivent pas

2 1. m'assieds 2. savent 3. voyons 4. vaut 5. voulons

3 Answers will vary.

LESSON TEST

1 Answers may vary. Sample answers: 1. Il travaille dans un grand magasin. 2. Il ne gagne pas assez d'argent et il n'arrive pas à en économiser. 3. Claire lui conseille de parler au gérant. 4. Michel préfère demander un prêt. 5. Elle pense que c'est une mauvaise idée. 6. Elle lui conseille de déposer régulièrement une partie de son salaire sur un compte d'épargne.

2 1. f 2. a 3. d 4. c 5. b 6. e

3 1. a 2. c 3. a 4. c 5. a 6. a

4 Answers will vary.

5 1. reçoit 2. pleut 3. savez 4. apercevons 5. valent 6. faut 7. voulons 8. pouvez

6 Some answers may vary. Sample answers: 1. M. Mercier construit des bâtiments <u>imposants</u>. 2. Le président d'une de ses compagnies raconte des histoires <u>amusantes.</u> 3. C'est un patron <u>exigeant</u>. 4. La dévotion de son assistante est <u>touchante</u>. 5. Une fête surprise pour son anniversaire? Quelle <u>charmante</u> idée!

Lecture

1 1. a 2. c 3. a 4. c 5. b 6. a

2 Answers will vary.

Rédaction

Answers will vary.

OPTIONAL TEST SECTIONS

COURT MÉTRAGE
Answers will vary.

IMAGINEZ
L'Afrique Centrale
Answers will vary. Sample answers: 1. Les deux villes se trouvent de part et d'autre du fleuve Congo, Brazzaville sur la rive droite et Kinshasa sur la rive gauche. 2. Les jeunes Brazzavillois vont souvent étudier à Kinshasa. Beaucoup de Kinois font souvent l'inverse. 3. Elle aide au développement social et économique du Cameroun, de la Centrafrique, du Congo, du Gabon, de la Guinée-Équatoriale et du Tchad. 4. On a utilisé le bois de l'okoumé dans la construction de la Bibliothèque nationale de Paris et dans celle du train Eurostar.

Le Zapping
Answers will vary. Sample answer: Cette technique s'appelle la pensée inversée. Elle consiste à utiliser un texte, sur les pages d'un magazine, qui peut-être lu dans les deux sens pour exprimer des messages différents.

ANSWERS

Leçon 10

VOCABULARY QUIZ I

1 1. c 2. d 3. a 4. e 5. b
2 1. poissons 2. érosion 3. toxique 4. renouvelables 5. arc-en-ciel
3 1. en voie d'extinction, chassée 2. est contaminée, potable 3. jetables, déchets 4. archipel, barrière de corail 5. respirer, pur

VOCABULARY QUIZ II

1 1. a 2. b 3. a 4. a 5. b
2 Answers will vary.
3 Answers will vary.

GRAMMAR 10.1 QUIZ I

1 1. aurais entendu 2. vous seriez rendu compte 3. aurait résolu 4. n'aurions pas hésité 5. serait venu 6. aurais respiré
2 1. aurait été 2. aurait atteint 3. auraient tué 4. serait devenu
3 1. tu aurais dû arrêter de gaspiller l'eau. 2. vous auriez pu baisser votre consommation d'électricité. 3. il aurait aimé préserver son bien-être en faisant un tour dans la nature. 4. ils auraient voulu respirer un peu d'air pur. 5. n'aurions pas dû tolérer ce problème.

GRAMMAR 10.1 QUIZ II

1 1. seraient partis 2. aurait détruit 3. aurait été 4. aurait interdit 5. se seraient intéressés
2 1. nous n'aurions pas dû gaspiller les ressources naturelles. 2. on aurait pu urbaniser plus intelligemment. 3. le gouvernement aurait aimé interdire l'utilisation de ces combustibles. 4. ils auraient voulu savoir comment prévenir les incendies. 5. vous auriez pu créer des parcs naturels.
3 Answers will vary.

GRAMMAR 10.2 QUIZ I

1 1. c 2. a 3. e 4. d 5. b
2 1. auras remplacé 2. aura choisi 3. auront compris 4. se seront aperçus 5. aurez interdit
3 1. auront quitté 2. aura épuisé 3. sera entrée 4. ne se sera pas levé 5. aura commencé

GRAMMAR 10.2 QUIZ II

1 1. aura disparu 2. aura augmenté 3. n'aura pas plu 4. aurons quitté 5. seront partis
2 Answers will vary.
3 Answers will vary.

GRAMMAR 10.3 QUIZ I

1 1. d 2. c 3. a 4. e 5. b
2 1. b 2. c 3. a 4. c 5. a

GRAMMAR 10.3 QUIZ II

1 Answers will vary.
2 Answers will vary.
3 Answers will vary.

LESSON TEST

1 Answers may vary. Sample answers: 1. Cette publicité s'adresse aux amateurs de photographie. 2. Elle propose des safaris-photos en Afrique et en Australie. 3. Si on veut voir des animaux en liberté, il faut choisir le voyage en Afrique. 4. On peut y voir des lions, des léopards, des éléphants, des singes et des rhinocéros. 5. À Airlie Beach, on peut découvrir des îles de l'archipel des Whitsundays et visiter les récifs de corail. 6. C'est un safari où on ne chasse pas.
2 la nature: 5, 7, 10
les animaux: 1, 3, 6
les phénomènes: 2, 4, 8, 9
3 1. d 2. f 3. a 4. b 5. c 6. e
4 Answers will vary.
5 Answers will vary.
6 1. Si on faisait/nous faisions une promenade? 2. Si seulement j'étais plus grand! 3. Si on allait/ nous allions à la mer? 4. Si seulement j'avais une grande maison! 5. Si on restait/nous restions à la maison?

Lecture

1 Answers may vary. Sample answers: 1. La centrale était vieille. C'était un vieux modèle qui marchait encore au charbon. 2. Les déchets seraient moins toxiques. 3. Ils réduisaient leur consommation. 4. Il passait ses soirées en plein air, autour d'un feu de bois avec ses copains. 5. Le narrateur et ses copains reconnaissaient des animaux dans le ciel, la nuit. 6. Elles avaient du bon parce qu'il passait la nuit en plein air avec ses amis.
2 Answers will vary.

Rédaction
Answers will vary.

OPTIONAL TEST SECTIONS

COURT MÉTRAGE
Answer will vary. Sample answer: Elzéart Bouffier sert d'exemple de la condition humaine et cet homme est admirable parce qu'il a décidé de créer seul une forêt entière, en plantant des glands. Il y a travaillé pendant beaucoup d'années, ne s'arrêtant jamais. Il est finalement parvenu à le faire. Le travail d'un homme solitaire a su donner une deuxième jeunesse à une région qui mourait.

IMAGINEZ
La Polynésie française, la Nouvelle-Calédonie, l'Asie
Answers will vary. Sample answers: 1. La photographie représente la Tahiti Pearl Regatta. C'est une course de bateaux de trois jours. C'est aussi une vraie fête où on peut faire du sport et des activités. Le soir, les participants finissent la journée avec un grand repas traditionnel. 2. La photographie représente une femme qui travaille dans une rizière. Les rizières sont partout présentes au Vietnam, au Laos et au Cambodge. 3. La photographie représente la fête populaire la plus importante de Tahiti, le Heiva. On peut participer à des concours d'activités traditionnelles.

Galerie de Créateurs
Answers will vary. Sample answer: Rithy Panh est cambodgien. Le génocide, dans lequel il a perdu une partie de sa famille, a toujours forgé son inspiration. Le S21 était un centre de détention, de torture et d'exécution. Rithy Panh essaie de ressusciter la culture de son pays.

Leçons 1-5

EXAM

1 Answers may vary. Sample answers: 1. Jocelyne est animatrice pour un magazine télévisé. 2. Son émission commence à sept heures et demie du matin. 3. Elle habite en banlieue. 4. Elle se lève entre trois heures et demie et quatre heures du matin. 5. Elle adore son travail et elle tient beaucoup à la liberté de la presse. 6. Elle parle français, anglais, italien, espagnol et arabe. 7. Elle a reçu un prix pour son entretien avec des émigrés d'Afrique du Nord. 8. Jocelyne se comporte toujours d'une manière très professionnelle. Elle n'a peur de rien et elle n'hésite pas à aborder des sujets divers, même polémiques.

2 1. Quand 2. Quelles 3. Quels 4. Lesquels 5. Combien 6. Comment.

3 Mes parents et moi, nous voyageons beaucoup. Chaque année, je vais avec eux dans un pays francophone. Ils paient tout à l'avance. Une semaine avant de partir, j'achète le guide Michelin. Nous faisons nos valises la veille. Nous ne nous ennuyons jamais!

4 Placement of adverbs may vary in some instances. 1. Ma mère me réveille doucement. 2. Nous prenons quotidiennement le petit déjeuner ensemble. 3. Mon frère lit attentivement le journal. 4. Nous attendons patiemment le bus. 5. Les gens parlent tranquillement dans le bus.

5 Answers will vary.

6 Answers will vary.

7 1. faisais 2. a sonné 3. était 4. voulait 5. pouvais 6. ai dit 7. ai expliqué 8. avais 9. était 10. ai changé 11. sommes allés 12. avons aimé

8 Answers will vary.

9 1. Personne n'est au téléphone. 2. Non, ils ne sont jamais allés en Afrique. 3. Non, je ne l'ai trouvé nulle part. 4. Corinne n'aime ni la plongée ni le camping. 5. Non, je ne travaille plus à l'agence.

10 Answers will vary.

11 Answers will vary.

12 1. il y reste. 2. nous y sommes allés. 3. je les aime beaucoup. 4. je la lui ai écrite. 5. ils les y attendent. 6. je m'en occupe.

Lecture

1 Answers may vary slightly. Sample answers: 1. José est parti avec sa famille explorer l'Europe. 2. Il a vécu une expérience inoubliable. 3. Il a marché et il a pris les transports en commun. 4. Elle a passé un mois génial. 5. Ils n'ont pas ouvert le journal et ils n'ont pas écouté la radio. 6. Ils vont y boire un café.

2 Answers will vary.

Rédaction

Answers will vary.

Leçons 6-10

EXAM

1 Answers may vary. Sample answers:
1. Olivier part en voyage d'affaires demain. 2. Il va en Provence. 3. Il a posé sa candidature pour un poste dans une entreprise multinationale. 4. Olivier a un rendez-vous avec le chef du personnel. 5. Tante Martine recommande qu'il emporte un costume et sa cravate bleue. 6. Tante Martine est surprise de voir un bermuda dans la valise. 7. Olivier va se promener un peu et lézarder sous le soleil provençal après son entretien. 8. Tante Martine dit à Olivier de ne pas oublier d'exiger un bon salaire.

2 Answers will vary. Sample answers:
1. J'apprends le français. 2. Tu crois aux OVNI. 3. Mon prof dit que nous sommes de bons élèves. 4. Mes parents craignent qu'il m'arrive quelque chose. 5. Mes amis et moi suivons des cours ensemble.

3 Answers will vary. Sample answers: 1. je me perde dans cette ville 2. ils vont réussir leurs examens 3. vous puissiez venir nous voir 4. il nous dise comment y aller 5. nous arrivions en retard

4 Answers will vary.

5 Answers will vary. Sample answers: 1. je connaîtrai de nouvelles personnes. 2. je contribuerai à la protection de l'environnement. 3. je pourrai aller en voyage plus souvent. 4. j'inventerai quelque chose de révolutionnaire. 5. je gagnerai beaucoup d'argent. 6. je profiterai de la vie.

6 1. a 2. b 3. c 4. d 5. a 6. b

7 Answers will vary. Sample answers: 1. vivrais en Australie. 2. aurait tous très peur. 3. irions nous promener. 4. seraient moins informés. 5. achèterais une belle maison. 6. feriez plus attention à l'environnement.

8 Answers will vary.

9 Answers will vary. Sample answers:
1. marchant 2. conduisant 3. mangeant 4. téléphonant 5. prenant sa douche 6. travaillant

10 Answers will vary.

11 Answers will vary.

12 Answers will vary.

Lecture

1 1. a 2. e 3. c 4. d 5. a 6. e

2 Answers will vary.

Rédaction

Answers will vary.

Leçons 1-10

EXAM

1 Answers may vary. Sample answers:
1. Richard voudrait faire du camping dans une forêt tropicale. 2. Claudine ne veut pas faire de camping parce qu'elle ne supporte pas les insectes et qu'elle a peur des araignées.
3. Richard voudrait faire de l'alpinisme.
4. Claudine ne veut pas aller à la montagne parce qu'il y aura peut-être des animaux sauvages. 5. Richard voudrait explorer des récifs de corail et voir des poissons de toutes les couleurs. 6. Claudine ne veut pas aller à la Martinique parce que c'est la saison des ouragans. 7. Claudine propose d'aller passer les vacances en Angleterre. 8. Richard pense que Claudine est une rabat-joie.

2 1. e 2. d 3. a 4. f 5. b 6. g 7. h 8. c

3 Answers will vary.

4 Answers will vary.

5 1. f 2. a 3. e 4. d 5. e

6 Answers will vary.

7 Answers will vary.

8 Answers will vary slightly. Sample answers:
1. Florent s'en occupe. 2. Oui, je l'y attends.
3. Oui, je vais la leur expliquer. 4. Monsieur Norbert m'en a parlé. 5. Elle leur en a envoyé.

9 Answers will vary. Sample answers: 1. vous connaissiez toutes ces personnes 2. il a mis sa clé sur la table 3. tu as fait les courses 4. ils aient téléphoné 5. nous puissions lire ce livre en quelques jours 6. se fasse mal

10 1. sommes disputés 2. regardais 3. est entré 4. a pris 5. a changé 6. voulait 7. étais 8. ai dit 9. a dit 10. savait 11. aimais 12. est parti

11 Answers will vary.

12 Answers will vary. Sample answers:
1. auraient acheté cette maison avant 2. serais allé skier 3. serais sorti avec nous 4. n'aurions pas appris autant de choses 5. aurait eu du mal à trouver du travail 6. n'auraient pas acheté d'ordinateur

Lecture

1 1. C'est un festival du cinéma. C'est l'événement cinématographique marquant de l'année en France. 2. Ils y sont allés pour faire un reportage sur le festival. 3. Il a assisté à deux premières. 4. Non, le documentaire l'a ennuyé.
5. C'est un/Il est critique de cinéma. 6. Ils ont eu de la chance parce qu'ils ont eu deux interviews.

2 Answers will vary.

Rédaction

Answers will vary.

D'accord V3 Testing Program Credits

Leçon 3
40: (l) Rudy Sulgan/Getty Images; (m) Bettmann/Getty Images; (r) Marcel Pelletier/iStockphoto.

Leçon 4
55: Courtesy of the Guadeloupe Tourist Board.

Leçon 5
69: (l) Martin Harvey/Getty Images; (m) Nik Wheeler/Getty Images; (r) Africa/Fotolia.

Leçon 6
89: STF/AFP/Getty Images.

Leçon 7
102: (l) Ken Welsh/Alamy; (m) Johannes Simon/Stringer/Getty Images; (r) Denis Balibouse/Reuters.

Leçon 10
143: (l) Stephen Frink/Getty Images; (m) Brian A. Vikander/Getty Images; (r) Hemis/Alamy.